AF288921

Der lange Schatten der Vergangenheit

Das blutige Ende an der Flakstellung

Josef Berkemeier

Impressum

2025

Alle Rechte vorbehalten
Copyright © by Josef Berkemeier
Layout: Florian Berkemeier
Herausgeber: Heimatverein Saerbeck

Verlag: BoD · Books on Demand GmbH, Überseering 33,
22297 Hamburg, bod@bod.de
Druck: Libri Plureos GmbH, Friedensallee 273,
22763 Hamburg
ISBN: 978-3-8391-4704-7

MIX
Papier aus verantwortungsvollen Quellen
Paper from responsible sources
FSC® C105338
FSC
www.fsc.org

Inhalt

Erinnerungen, die nicht verblassen wollen 13

Sommer 1976; Spurensuche 13

Ankunft im Münsterland 19

Das nördliche Münsterland wird Ziel des Luftkriegs 33

23. Sept.1944: Erster Großangriff auf den Kanal 33

Schwere Flak wird in Saerbeck stationiert 37

Zweiter und dritter Großangriff auf den Kanal 41

November 1944: Pläne für den Westwall entstehen 44

Dezember 1944: Verstärkung aus Berlin trifft ein 49

Die Bombardierung des Kanals nimmt kein Ende 50

1. Januar 1945: Vierter Großangriff auf den Kanal...50

7. Februar 1945: Fünfter Großangriff auf den Kanal......................................52

1. März 1945: Ersatz aus Bochum-Stiepel trifft ein 55

3. März 1945: Sechster Großangriff auf den Kanal 56

Heimweh...58

4.-17. März 1945: Alltag in der Flakbatterie 58

Aufbau der Hauptkampflinie Münster-Rheine 71

18. - 24. März 1945: Vorbereitungen für den Erdkampf beginnen 71

25. März 1945, Palmsonntag..77

26. -28. März 1945: Beginn der Karwoche 78

29. März 1945, Gründonnerstag 79

Die Alliierten erreichen die Ems 81

30. März 1945, Karfreitag...81

Hauptkampflinie erfolgreich durchbrochen 86

31. März 1945, Karsamstag 86

Ein Dorf wird kampflos den Alliierten übergeben 100

01. April 1945, Ostersonntag 100

Eroberung der Flakstellung 106

Sinnlose Kämpfe verzögern das Ende einer Hauptkampflinie 117

Greven: Kämpfe an den Emsbrücken 117

Saerbeck: Furcht vor Rückkehr der Kämpfe 120

Brochterbeck: Das Dorf bleibt nicht verschont 122

Münster: Der R.A.D. übernimmt die Flak 124

Im Brumleytal: Sinnloses Blutvergießen.. 127

Hopsten Dreierwalde: Kämpfe dauern an 129

Ibbenbüren wird zum Kampfgebiet... 130

Zwischen Trauer und Freude 132

Vor und nach der Kapitulation vom 8. Mai 1945 132

Herbst 1945 142

Sommer 1946 146

Herbst 1946 148

Preis der Gewissheit 150

Wenn die Hoffnung wie eine Seifenblase platzt 150

Lebenslinien, die sich berühren..151

Flakstellung nach 80 Jahren ausgegraben: 167

Wichtige Quellen: 171

Anstoß und Einordnung

Der Frühschoppen im Saerbecker[1] Heimathaus bietet wöchentlich die Gelegenheit, sich nach dem Hochamt über das Tagesgeschehen zu unterhalten oder alte Geschichten zum Besten zu geben. An einem Sonntag im April 2014 diskutierten die Gäste darüber, ob es wohl an der Zeit sei, wieder an die Geschehnisse zum Ende des 2. Weltkrieges zu erinnern. Die Meinungen gingen dabei auseinander. „Olle Kamellen wieder aufwärmen macht auch noch keinen frischen Tee" war zu hören, aber auch das Interesse, mehr darüber zu erfahren, was sich damals zugetragen hatte. Gerüchte dazu gab es ja genug. Einer der Teilnehmer war Alfred Maimann. Er meldete sich zu Wort: „Ich wurde Augenzeuge, als am Karsamstag 1945 ein

Alfred Maimann
(1933 -2021)

hoher Offizier unserem Kaplan damit drohte, die Kirche zu beschießen, wenn die weiße Fahne am Turm nicht sofort wieder eingeholt würde. Obwohl ich doch noch so jung war, habe ich das Erlebte zum Kriegsende nie vergessen. Ich kann mich selbst an Einzelheiten immer noch gut erinnern. Und das geht nicht nur mir so. Als Ratsherr habe ich Unterlagen von einem ehemaligen Flakhelfer bekommen, der unser Dorf vor ein paar Jahren wieder besucht hat. Die hole ich jetzt."

Kurze Zeit später kam er zurück und hatte einen Stapel Dokumente dabei. Die Sammlung bestand aus Kopien des Zeitzeugenberichts eines Luftwaffenhelfers, verfasst in den Jahren 1976/2007, sowie das Untersuchungsergebnis der Kriegsgräberfürsorge von 2001. Dann überreichte er mir, dem Autor dieses Buches, die Blattsammlung verbunden mit der Bitte: „Josef, lies es dir durch

---

[1] Saerbeck ist eine Gemeinde im nördlichen Münsterland mit ca. 7.200 Einwohnern

7

und dann mach was daraus, die Erinnerung muss daran doch wachgehalten werden."

Die Aufgabe war nicht einfach. Das Chaos, das zum Kriegsende herrschte, spiegelte sich deutlich in den Berichten wider. Der Inhalt glich einzelnen Puzzleteilchen, die in mühevoller Kleinarbeit geordnet werden wollten. Es gab aber auch weiße Flecken, also fehlende Teilchen, was die Sache umso schwieriger machte.

Foto: Josef Berkemeier moderiert die Gedenkstunde am 1.4.2015

Die offene Diskussion über eine erneute Gedenkstunde trug Früchte. Nach zwei Jahrzehnten erinnerte der Heimatverein wieder in einem Vortragsabend an das Kriegsende in Saerbeck zu Ostern 1945. Als der 87-jährige ehemalige Luftwaffenhelfer Günther Middelmann aus Stuttgart von der geplanten Veranstaltung erfuhr, sagte er spontan seine Teilnahme zu. Während der Gedenkstunde ergriff der betagte Zeitzeuge selbst das Wort, um über seine Erlebnisse an der Flakstellung zu berichten. Die 120 Zuhörer waren davon sehr bewegt. Günther Middelmann hatte damit, ohne es zu wissen, das letzte fehlende Puzzlestückchen abgeliefert. Danach war der Weg frei, die Geschehnisse chronologisch und schlüssig aufzuschreiben.

Bei der Durchsicht aller relevanten Dokumente erregte im Herbst 2016 eine tschechische Telefonnummer meine Aufmerksamkeit. Die niedergeschriebenen Erinnerungen, in deren Kopfzeile sie stand, waren bereits neun Jahre alt und gehörten einem mittlerweile 88-jährigen ehemaligen Luftwaffenhelfer. Ich fragte mich, ob der betagte Herr überhaupt noch lebte und sich noch mitteilen konnte, und wenn ja, ob er noch unter der Rufnummer erreichbar wäre oder mittlerweile in einem Seniorenheim wohnen würde. Die Aussicht auf eine Kontaktaufnahme war denkbar schlecht.

Trotzdem spontan die Telefonnummer gewählt, ging der Ruf tatsächlich erfolgreich heraus. Ein älterer Mann meldete sich in tschechischer Sprache. Die Freude war groß, als der Angerufene hörte, dass sein Gesprächspartner aus Saerbeck war. Im akzentfreien Deutsch konnte ich das Telefonat mit dem ehemaligen Luftwaffenhelfer Josef Chovanec fortgesetzt werden. Am Ende des Gespräches erklärte sich Herr Chovanec bereit, das erstellte Skript auf Richtigkeit zu prüfen, was er auch Ende 2016 tat. Und nicht nur das. Darüber hinaus übersetzte er die Erzählung in seine Heimatsprache, um sie auch für seine Familie zugänglich zu machen.

Das entstandene Werk hat den jugendlichen Leser im Fokus. Um junge Menschen mit dem Nationalsozialismus und dessen Folgen zu konfrontieren, wurden die schrecklichen Ereignisse zum Ende des 2. Weltkrieges am konkreten Beispiel eines ehemaligen Luftwaffenhelfers in erzählender Form niedergeschrieben. Der Inhalt basiert auf Auswertungen von schriftlichen Zeugenaussagen überlebender Luftwaffenhelfer und Nachbarn, die den Vorgang als Augenzeugen beobachteten, sowie den autobiografischen Aufzeichnungen von Josef Chovanec. Des Weiteren wurde der Ergebnisbericht des Volksbundes Deutsche Kriegsgräberfürsorge e.V., der in Kooperation mit Schülerinnen und Schülern der Maximilian-Kolbe-Gesamtschule in Saerbeck entstand, berücksichtigt. Lediglich die Dialoge wurden nachgestellt. Das Ergebnis des Volksbundes Deutsche Kriegsgräberfürsorge e.V. zu den Vorgängen in der Flakstellung Richter am 1. April 1945 deckt sich vollständig mit dem Resultat der Recherche des Autors.

Josef Berkemeier

Berlin- Johannisthal 18.11.45

Herrn
Pfarrer Beuing
Saerbeck

Hochwürden

Mit herzlicher Dankbarkeit erhielt ich Ihren Brief vom 06.11., der für mich so viel Schmerzliches enthielt, zumal mein Junge der ist, von dem es heißt: .., einer erst 16 Jahre alt!"

Ja, Hochwürden, tun Sie bitte uns Müttern die Liebe, beten Sie für unsere Jungen, beten Sie für uns Mütter, die wir den Trost so bitter nötig haben. Aus eigener Erfahrung weiß ich, was Fürbitte vermag, auch kenne ich den Ritus ihrer herrlichen Kirche, die mir in jungen Jahren einmal sehr nahe stand und mir viel gab.

Hochwürden! Eine Bitte gestatten Sie mir noch, deren Erfüllung mir sehr, sehr am Herzen liegt. Alleine grauenvolle Vorstellungen quälen mich: Was hat den Tod unserer Kinder verursacht? Bomben, Panzergranaten? Nahkämpfe? Ist es wohl möglich, darüber Näheres zu erfahren? Es würde vielleicht manche von uns Müttern Ruhe geben. Kann ich auch bitte die Anschrift der Amtsbehörde haben, an die Sie, Hochwürden, die Hinterlassenschaften unserer Kinder weiterleiteten?

Haben Sie vielen Dank für Ihre Bemühungen und seien Sie freundlich gegrüßt von

Frau S. Wedwing

Berlin – Johannisthal
Kolonie am Teltowkanal
Privatweg 11

Foto: Der Schüler Günther
Middelmann als Flakhelfer,
(1928–2019)

Foto: Günther Middelmann
als Gastredner auf der
Gedenkstunde am 1.4.2015

Gnade der späten Geburt

Menschen, die wegen der „Gnade der späten Geburt" nicht mehr
unmittelbar durch Kriegsereignisse betroffen wurden, ist mit Worten
und Begriffen längst vergangener Tage oft nur schwer die damalige
Lebensbedrohung zu verdeutlichen.

Deshalb ist diese hier vorliegende Zusammenschau in einer mehr
erzählenden Weise sehr zu begrüßen. Es ist zu hoffen, dass solche
Bemühungen und Erinnerungen auch zu mehr Dankbarkeit für eine
lange Friedenszeit und zur Versöhnung führen.

Stuttgart 2016
Günther Middelmann
ehemaliger Luftwaffenhelfer in Saerbeck

11

Gedanken von Josef Chovanec

Lieber Leser,

als ich im Dezember 2016 die vorliegende Erzählung als Entwurf aus Deutschland zugesandt bekam, deutete ich dieses als ein Christkindlgeschenk zu Weihnachten.

Die geschichtliche Aufarbeitung füllt mein eigenes Informationsvakuum über das Erlebte am und um den 1. April 1945. In dieser Zeit hatten wir kein Handy, kein Fernsehgerät, aber auch keinen Rundfunkempfänger und keine Zeitung. Die einzigen Informationsquellen waren die Reden und Aussagen unserer Umgebung, deren Inhalt man keinen Glauben schenken konnte. Noch im oberschlesischen Ehrenforst konnten wir am Volksempfänger den Londoner Sender mit seinem typischen „bumbumbum-bum" abhören und so die Weltlage verfolgen, obwohl das unter Todesstrafe stand. Seit dem Sommer 1944 mussten wir uns nur auf unsere eigenen Augen und Ohren verlassen. Daher waren mir die Zusammenhänge, in die die Geschehnisse zu Ostern 1945 eingebettet sind, bisher nicht bekannt. Für diese historische Einordnung bin ich sehr dankbar.

Viele herzliche Grüße neben dem tschechischen
Weihnachtswunsch

Tschechien
Kutna Hora 2016
Josef Chovanec
ehemaliger Luftwaffenhelfer in Saerbeck
und Hauptperson der Erzählung

Sommer 1976; Spurensuche

Das Auto mit tschechischem Kennzeichen fuhr zügig über die Autobahn. Am Steuer des Wagens saß Jupp, ein Mann mittleren Alters, der schon mit 30 Jahren komplett ergraut war. Seit Stunden lenkte er seinen im ostdeutschen Zwickau gebauten PKW immer weiter Richtung Norden. Jupp ertappte sich dabei, wie er mal wieder der Frage nachhing, wie sein Leben wohl verlaufen wäre, wenn es diesen besonderen Ostertag nicht gegeben hätte. Er zwang sich, den Verkehr hinter sich erneut intensiver zu beobachten und schaute von Zeit zu Zeit in den Rückspiegel, um sich zu vergewissern, dass niemand ihnen folgte. Jupp konnte nichts Verdächtiges feststellen, wusste aber, dass er und seine Frau sich nicht in Sicherheit wiegen konnten. Eigentlich waren sie auf dem Weg nach Hause in die Tschechoslowakei. Der gemeinsame sechzehntägige Familienurlaub in Italien ging für sie zu Ende und die Behörden in der zuständigen Kreisstadt Pilsen hatten ihnen maximal 48 Stunden zugestanden, in denen sie die Schweiz und Deutschland durchqueren mussten. Denn es herrschte der sogenannte „Kalte Krieg". Europa war in einen demokratischen Westen und einen kommunistischen Ostblock aufgeteilt. Beide Seiten trennte eine Grenze aus Stacheldraht, Sperrzäunen und Schießanlagen, die die Flucht der Menschen von Ost nach West verhindern sollte. Wer trotzdem als tschechischer Bürger in den Westen reisen durfte, wurde von der eigenen Staatssicherheit im Ausland observiert. Diese Geheimpolizei hatte den Auftrag, Republikflucht schon im Ansatz zu verhindern. Dabei schreckte sie auch nicht davor zurück, ihre Bürger aus dem Ausland mit Gewalt zurückzuholen. Schon der Versuch der Flucht wurde drakonisch geahndet. Jupp hatte unter dem Siegel der Verschwiegenheit von einem Bekannten erfahren, dass dieser wegen eines nicht vorher gemeldeten Abstechers schon schwer bestraft worden war.

Trotzdem nahm er das Risiko für sich und seine Frau bewusst in Kauf. Seit über 30 Jahren hatte er auf diese Chance gewartet.

Seit über drei Jahrzehnten quälten ihn die Gedanken, was wohl aus seinem Freund Fredel geworden war, den er damals im Nordwesten Deutschlands aus den Augen verloren hatte. Um Licht in das Dunkel der Vergangenheit zu bringen, musste er an den Ort des Geschehens zurückkehren.

In der Ferne zeichnete sich allmählich der Höhenzug des Teutoburger Waldes ab. Nun tauchte die Abfahrt Ladbergen auf. Er setzte den Richtungsanzeiger seines Trabants und nahm den Fuß vom Gaspedal. Während das elektrische Blinkrelais monoton klickte, reduzierte der Wagen seine Geschwindigkeit. Beim Zurückschalten in den dritten Gang heulte der Zweitakter kurz auf. Sie verließen die Autobahn. Am Ende der Ausfahrt lenkte Jupp das Gefährt schwungvoll in einem Linksbogen auf die Bundesstraße. Kurze Zeit später erreichten sie den Dortmund-Ems-Kanal. Der Wasserweg verlief hier zwischen zwei Deichen. Der Trabi quälte sich die Brücke hoch. Oben angekommen bot sich Jupp eine gute Aussicht auf die Umgebung.

Ein Blick aus dem Seitenfenster genügte, den dortigen Kanalhafen und das Sperrtor auszumachen. Die Wasserstraße durchtrennte hier förmlich die Münsterländer Parklandschaft. Ein Schornstein[2], der durch eine Baumreihe schimmerte, erregte Jupp seine Aufmerksamkeit. Gehörte dieser Kamin nicht zu einer landwirtschaftlichen Brennerei? Jupp spürte, auf dem richtigen Weg zu sein.

Die Straße führte weiter durch eine Bauerschaft, stieg dann sanft an, um anschließend ein Kiefernwäldchen zu durchschneiden. Jupp erkannte zu seiner Rechten das große steinerne Kreuz wieder, vor

---

[2] Schornstein der Brennerei Deitermann, die bis 1989 aktiv betrieben wurde.

14

dem immer noch das verrostete Kniebänkchen stand. Unwillkürlich nahm er den Fuß vom Gaspedal und ließ den Trabant Kombi allmählich ausrollen. Nach 400 Metern lenkte er ihn dann behutsam auf die Grasnarbe am Seitenrand, wo der Wagen zum Stehen kam.

Das Pärchen stieg aus und überquerte die Straße. Es war Spätsommer[3], am Rande des Feldes blühten Kornblumen und roter Klatschmohn. Jupp stapfte zielgerichtet voran auf den frischen

Foto: Pröbstings Kreuz von 1976.

Stoppelacker, auf dem der reife Roggen noch Tage zuvor gestanden hatte.

Ein erschrecktes Kaninchen sprang auf. Es lief mehrere Haken schlagend davon. Er ließ seinen Blick schweifen. Alles kam ihm so vertraut und doch gleichzeitig so fremd vor. Die Landschaft strahlte Ruhe und Frieden aus. In seiner Erinnerung verband er dieses Stückchen Erde jedoch mit Geschützlärm und Todesangst. Er hatte den Ort, der ihn in

---

[3] 06.08.1976, Zeitzeuge Josef Chovanec

15

seinen Träumen immer noch nicht losgelassen hatte, erreicht.

Sein Blick fiel auf ein Haus, das er von hier aus als Sechzehnjähriger oft beobachtet hatte. Doch statt der roten Klinker wies es einen weißen Anstrich auf. Zudem vermisste er den Hauseingang.

Gemeinsam gingen Jupp und seine Frau auf das ein-geschossige Wohngebäude zu, das mit seinen Ausbauten und grünen Blendläden einladend wirkte. Sie fanden die neue Haustür auf der gegenüberliegenden Seite und drückten den Klingelknopf. Ein hochgewachsener, schlanker Mann mit schwarzen, leicht angegrauten Haaren, der nur wenige Jahre älter sein mochte als Jupp selbst, öffnete. Sie machten sich bekannt. Jupp erklärte ohne Umschweife in fast akzentfreiem Deutsch sein Anliegen. Franz, sein Gegenüber, nickte verständnisvoll.

Als Zeitzeuge hatte Franz viele Einzelheiten der Geschehnisse, die den Fremden mit seiner Begleitung hier ins Münsterland geführt hatten, selbst als junger Oberfähnrich miterlebt. Er kannte aber auch die Spekulationen, die sich darum rankten. Die Gerüchte über eine Massenerschießung von über einem Dutzend Luftwaffenhelfern durch SS-Offiziere waren seither nie verstummt.

Durch einen Zeitungsartikel im April 1965 fand erstmals der Versuch einer Aufarbeitung statt, die jedoch eher die Gerüchte aufgriff, als diese zu hinterfragen oder aufzuklären.[4] Franz überlegte nicht lange. Er fühlte sich dem Pärchen, das er noch nie zuvor gesehen hatte, verbunden und wollte helfen. Spontan zog er einen Autoschlüssel aus der Hosentasche und zeigte auf seinen weißen BMW 2002. Gemeinsam fuhren sie in das nahegelegene Dorf. Ihr Ziel war der örtliche Friedhof.

---

[4] Der Artikel „Ein Leutnant und zwanzig tote Krieger" erschien in der örtlichen Presse am 03.April 1965

16

Postkartenansicht: Saerbecker Friedhof in der Zeit ab 1935

Dort angekommen, wies ein imposanter Eingang aus Sandstein den Weg zur Ruhestätte. Die Mitte bildete immer noch das Torhaus im neugotischen Stil. Tormauern links und rechts ergänzten das Portal. Die an ihnen angebrachten kantigen, eisernen Buchstaben formten die Aufschrift: „Den Helden – die Heimat". Zwei überlebensgroße, stehende Soldatenfiguren in Reichswehruniform schlossen das Ensemble ab. An die steinernen Wachposten, dargestellt mit Stahlhelm und Uniformmantel, die sich auf ihre Gewehre stützten, konnte Jupp sich noch gut erinnern.[5] Ihn fröstelte bei diesem Anblick. Sie schritten durch den Torbogen und folgten dem Hauptweg, um schließlich vor einem Soldatengrab aus dem 2. Weltkrieg stehenzubleiben. Eine große Gedenktafel schmückte die

---

[5] Quelle: Alte Bauakte GAS (Gemeindearchiv Saerbeck) Das Torhaus wurde 1930 inklusive Kellerraum errichtet, Erweiterung zum Kriegerdenkmal 1935 durch Tormauern, Soldatenfiguren und zwei Feuerschalen. 1945 wurde der Kellereingang zugeschüttet. Umgestaltung zum Mahnmal ab 1995. Im Zuge dessen wurden die Feuerschalen zurückgebaut.

gepflegte Begräbnisstätte. In der Mitte war ein Bildnis des Heiligen St. Georg als Drachentöter zu sehen, eingerahmt rechts und links von den Namen der hier beigesetzten Toten.

Jupp, der bis jetzt vor Aufregung sehr redselig gewesen war[6], verstummte. Er griff nach der Hand seiner Frau und drückte sie fest, um dadurch Trost und Kraft zu schöpfen. Auch Franz hielt inne und dachte an die Erlebnisse von damals, die ihn in der Fremde neue Wurzeln schlagen ließ.

Foto: Grab der getöteten Soldaten und Flakhelfer.

---

[6] Aussage von Franz Schuh

Ankunft im Münsterland

Mit der Machtergreifung der Nationalsozialisten 1933 endete die erste Demokratie in Deutschland. Es folgte eine Diktatur, die mit dem Überfall auf Polen im September 1939 den 2. Weltkrieg entfachte.

Nachdem auch die Amerikaner Ende 1941 zu den Waffen gegriffen hatten, wurde der Luftkrieg der Alliierten gegen Deutschland ab 1942 spürbar härter.

Ein Jahr später kam der Luftkrieg endgültig im Münsterland an. Die Münsteraner verloren durch einen gezielten Bombenangriff von über 200 „viermotorigen Großflugzeugen" am 10. Oktober 1943 ihre gesamte Innenstadt.

Ab September 1944 rückte das nördliche Münsterland ins Visier zahlreicher schwerer Luftangriffe, die das Ziel verfolgten, hier den Dortmund-Ems-Kanal zu zerstören. Im Frühjahr 1945 spitzte sich die Situation dramatisch zu.

In diesen Wirren zum Ende des Zweiten Weltkrieges wurden am 1. März 1945 auch zwei sechzehnjährige Schüler als Flakhelfer zur militärischen Unterstützung in den Norden von Westfalen abgeordnet.

Diese beiden Jungen erreichten ihren neuen Einsatzort im Münsterland zusammen mit einem Transportzug aus Bochum. Als erstes mussten sie sich neu registrieren lassen. Nachdem sie das Büro der Kommandantur ausgemacht hatten, schlenderten sie gemächlich auf das Gebäude zu. Fredel und Jupp hatten es nicht sehr eilig. Ihre Mitschüler saßen bereits in einem Zug, der sie nach Hause bringen sollte. Genau in diesem Zug hätten sie eigentlich auch sitzen müssen. Doch ihre Reise hatte seit ein paar Tagen eine unerwartete Wendung genommen. „Aber vielleicht wird sich alles gleich als großes Missverständnis herausstellen", hoffte Jupp.

Sie betraten die Amtsstube. Im Halbdunkeln saß ein Hauptmann hinter seinem Schreibtisch und hob jetzt den Kopf. Die Jungen stellten sich nebeneinander auf, nahmen Haltung an, um dann zu salutieren. Zackig, wie sie es gelernt hatten, meldeten sie ihre Ankunft: „Heil Hitler, Herr Hauptmann, melden uns wie befohlen am neuen Einsatzort."

Im Raum standen dicht vor dem Ofen noch zwei Unteroffiziere und wärmten sich. Man musterte sich gegenseitig. Abschätzig stuften die Jungs die im Hintergrund stehenden Soldaten, ebenfalls wie ihren Chef, als alt und kaum fronteinsatzfähig ein.[7]

Der Offizier nahm die Personalien auf und überprüfte anschließend die Überstellungspapiere. Dabei brummte er: „Aha, versetzt wegen Meckerns." Grimmig schaute er beide Jungen an und donnerte los: „Kameraden, wir sind im Krieg. Das hier ist kein Wunschkonzert. Disziplin und Gehorsam sind die wichtigsten Tugenden eines Soldaten. Das werden wir euch schon noch beibringen." Der Hauptmann wandte sich kurz demonstrativ seinen Unteroffizieren zu, die daraufhin zu nicken begannen. Dann den Blick wieder auf die Jungen gerichtet, fragte er im scharfen Tonfall: „Habt ihr das verstanden?"

Mit einem „Jawohl, Herr Hauptmann", quittierten die enttäuschten Jungen die Ermahnung. Der letzte Funke Hoffnung auf Gerechtigkeit war soeben in ihnen verloschen.

Sie erhielten den Auftrag, sich in einer Wohnbaracke einzurichten und verließen missmutig die Kommandantur.

In einer der hölzernen Behausungen, die ein Schwarm Berliner Luftwaffenhelfer bevölkerte, fanden sich noch zwei leere Schlafstellen. Sie belegten die freien Feldbetten und packten

---

[7] Zeitzeugenbericht J. Chovanec 1976, S.4

20

zerknirscht ihre Rucksäcke aus.[8] Zum Vorschein kamen eine blaugraue Ausgehuniform mit schwarzer Krawatte, die obligatorische rote HJ-Armbinde sowie als Kopfbedeckung eine Schirmmütze für den Winter und ein Schiffchen für den Sommer. Danach purzelten eine hellgraue Dienstuniform, ein langer Wachmantel, ein Pullover, kratzende, graue Unterwäsche sowie ein Paar schwarze Lederstiefel aus dem Leinensack. Und als Rüstzeug für den militärischen Einsatz enthielt der mit einem Reichsadler bedruckte Beutel noch Stahlhelm, Gasmaske, Brotbeutel und eine Feldflasche.

Nachdem sie Quartier bezogen hatten, machten sie sich gegenseitig bekannt. Die Jungs aus der Reichshauptstadt, ebenfalls alles Oberschüler im Alter von 16 und 18 Jahren, bildeten sich ziemlich viel darauf ein, dass sie direkt aus dem Zentrum der Macht kamen.

Vom Sudetenland oder gar dem Altvatergebirge, aus dem Jupp und Fredel stammten, wussten die Jugendlichen von der Spree nichts. Das hatte auch niemand erwartet. Doch es kränkte die beiden, mit welchem Desinteresse die anderen ihnen begegneten. So blieben sie lieber unter sich.

„Das also soll nun für die nächsten Wochen unser Zuhause sein", dachte Jupp und spürte, wie Heimweh in ihm aufstieg. Die Zukunft schien unsicherer als je zuvor, sie fühlten sich schwach und schutzlos ohne ihre vertrauten Mitschüler, die vermutlich schon bald daheim wieder in ihren eigenen Betten schlafen würden.

Die Giebelhöhe der Baracke brachte es gerade mal auf zwei Meter, sodass Jupp mit einer Größe von 1,83 m[9] nur in der Mitte aufrecht stehen konnte. Da es den anderen ähnlich ging, saßen oder lagen

---

[8] Zeitzeugenbericht J. Chovanec 1976, S.4
[9] Die Größenangabe stammt von J. Chovanec selbst. Quelle: Telefonat
zwischen J. Chovanec und dem Autor im Dezember 2016

sie die meiste Zeit in ihrer gedrungenen Unterkunft. Die einzige Ausstattung der spärlich eingerichteten Baracke war ein zylinderförmiger, eiserner Ofen.

Obwohl draußen kein Schnee lag, machte ihnen die feuchtkalte Luft zu schaffen. Die Jungs schätzten den Ofen sehr. Er wärmte sie wieder auf, wenn sie längere Zeit draußen Dienst geschoben hatten. Auf seiner oberen Platte ließ sich das graue, fade Kommissbrot gut rösten, um es genießbar zu machen, und er spendete Licht in den langen Nächten, sobald die Ofentür offenstand. Glühbirnen brannten schon seit Monaten nicht mehr, da Treibstoff für das Dieselaggregat fehlte. Auch Kerzen gab es keine. Die Versorgung der Truppe mit Nachschub funktionierte kaum noch. Daher durfte die Feuerstelle auf keinen Fall ausgehen. Zum Glück herrschte kein Mangel an Brennmaterial. Im nahegelegenen Wäldchen, das die Einheimischen „Nordhues-Heide" nannten, fand sich genug davon.

„Die Lage ist hier dieselbe wie anderswo", dachte Jupp, nachdem er mit Fredel das militärische Gesamtgelände näher untersucht hatte. Sie bestaunten die sechs Flugabwehrgeschütze, mit deren Transport sie aus dem Ruhrgebiet gekommen waren. Schon einsatzbereit warteten sie auf den ersten Feuerbefehl, der schneller kommen sollte als gedacht.

Nach Norden blickend, konnten sie die Stallungen und die große Strohscheune eines Bauernhofes[10] ausmachen. Dahinter verlief eine Landstraße, die nach Ladbergen/ Lengerich führte.

Überquerte man diese und folgte dem nächsten Heideweg, so gelangte man zur zweiten Flakbatterie, in der noch weitere acht Flugabwehrgeschütze in den Himmel zeigten[11].

---

[10] Hofstelle Richter
[11] Nahe der Hofstelle Heitmann

22

In östlicher Richtung, etwa 200 Meter von den Geschützen entfernt, befand sich, gut getarnt in den Dünen eines Kiefernwäldchens, die Messstaffel beider Flakbatterien. Hier errechneten die Soldaten mit Hilfe von Entfernungsmessgeräten die Schusswerte, die dann über Kabel an die Geschütze übertragen wurden. Der Batteriechef hatte dort ebenfalls seinen Gefechtsstand.

Jupp und Fredel hatten von ihren Kameraden mit einem Schmunzeln gehört, dass der Hauptmann ausgerechnet den Wasenplatz für seine Kommandozentrale ausgesucht hatte. Das war der Ort, um den die Einheimischen einen großen Bogen machten, da hier die Bauern der Umgebung früher die Kadaver der an Seuchen verendeten Tiere vergraben hatten.

Im Westen zog sich eine schnurgerade Chaussee, auf der sie zu Fuß aus Greven gekommen waren. Dahinter, an der Emsterrasse, sahen sie ein mit Eichen umrahmtes Gehöft,[12] dessen typisches westfälisches Fachwerkbauernhaus mit schwarzen Balken und weißen Ausfachungen morgens in der aufgehenden Sonne strahlte. Eine perfekte Idylle, wenn nicht wenige hundert Meter entfernt die eigene Flakbatterie gestanden hätte, aus der sie alles betrachteten.

Ihr neuer Dienstort lag am südlichen Rand eines Dorfes. Auf dem Marschbefehl hatte schon der Name ihres Ziels gestanden: Saerbeck/ Westfalen. Die Vermutung lag nahe, dass es sich nur um einen unbedeutenden Flecken handeln konnte, denn gehört hatten sie vorher noch nie etwas davon. Mit ihrer Vermutung lagen sie richtig. Das 2000-Seelen-Örtchen entpuppte sich als typisches Münsterländer Kirchdorf, in dem der größte Teil der Bevölkerung von der Landwirtschaft lebte.

---

[12] Hofstelle Nordhues

Von der Flakstellung aus bot sich ein malerisches Bild, wenn man sich dem Ort näherte. Schon von weitem konnte der Kirchturm mit seiner spitzen Haube ausgemacht werden, der sich leicht zu einer Seite zu neigen schien. Dorf einwärts wurde man auf der rechten Seite von einem großen alten Schultenhof, dem „Niehoff", begrüßt. Schräg gegenüber befand sich eine moderne neue Privat-Molkerei, an der morgens rege Betriebsamkeit herrschte, wenn die Bauern mit ihren Fuhrwerken die Milch dort ablieferten. Knapp zweihundert Meter weiter begann der Ortskern. Rechts erst eine Schmiede, dann links das schmucke Pastorat mit dem Schwesternhaus, in dem fünf Nonnen wohnten.

Danach folgte auf der rechten Seite das Anwesen einer großen landwirtschaftlichen Kornbrennerei mit ihrem markanten Schornstein, der alles, bis auf den Kirchturm, überragte. Und schon stand man mitten im Dorf. Schaute man von hier aus in die Marktstraße hinein, lud, aufgereiht wie die Perlen einer Kette, eine Gaststätte nach der anderen zur Einkehr ein. Der Ort hatte bisher Glück gehabt. Große Kriegsschäden waren nicht auszumachen. Dies war bemerkenswert, denn die Gemeinde beherbergte eine militärische Abwehreinrichtung, die ihresgleichen suchte.

Um das Eindringen feindlicher Flieger frühzeitig erkennen zu können, war eine Luftraumüberwachung aufgebaut worden. Leistungsstarke Funkmessstellen spannten ein unsichtbares Schutznetz über Deutschland auf, dessen kreisrunde Maschen jeweils ein Gebiet im Radius von 250 km abdeckten. Unbemerkt von den Alliierten war eine dieser Säulen der Flugverkehrskontrolle, die sich nur wenige 100 Meter nördlich des Ortskerns befand, bereits seit drei Jahren in Betrieb. Diese Funkmessstelle 1. Ordnung[13] konnte herannahende Flugzeuge in Höhe und Geschwindigkeit zwischen Hoek van Holland und

---

[13] www.lexikon der Wehrmacht.de/ Kasernen/ Wehrkreis06/ Kaserne Saerbeck

Hannover bzw. zwischen Köln und Kiel orten. Zwei „Würzburg-Riesen", Spiegelantennen mit jeweils einem Durchmesser von über sieben Metern und neuster Funktechnik im Frequenzband von 560 MHz, sorgten für atemberaubende Genauigkeit bei der Ortung von herannahenden Flugobjekten.

Foto: Radarstellung Rheinsalm ab 1942 in Saerbeck in Betrieb

Eine Hundertschaft aus Wissenschaftlern, Ingenieuren und jungen Frauen des Reichsarbeitsdienstes sammelte damit die Flugdaten und wertete sie aus. Die zeitkritischen Ergebnisse verteilte anschließend die Nachrichtenabteilung der Radarstation an militärische Stellen bis nach Berlin. Dafür standen ihnen 350 Telefonleitungen, sechs Fernschreiber sowie ein Funksender zur Verfügung. Letzterer war für die Zivilbevölkerung wichtig. Der Radiosender „Rheinsalm" warnte die Öffentlichkeit vor herannahender Gefahr aus der Luft. Die Menschen im Münsterland hatten dann noch 20-30 Minuten Zeit, um sich in Sicherheit zu bringen.

Karte, auf der das Münsterland aus Geheimhaltungsgründen in Planquadrate aufgeteilt war. „Heinrich Quelle 5" im Radio bezeichnete das Gebiet um Saerbeck.

Fredel und Jupp wurde erklärt, dass es galt, genau hier eine empfindliche Lebensader des Reiches vor feindlichen Bombenangriffen zu schützen.

Damit war jedoch nicht die geheime Radarstation gemeint, sondern der Dortmund-Ems-Kanal. Die Wasserstraße mit einer Gesamtlänge von 266 Kilometern, die nach siebenjähriger Bauzeit 1899 von Kaiser Wilhelm II mit viel „Tamtam" eröffnet worden war, verband den Dortmunder Stadthafen mit Emden.

Die Wehrmacht hatte einen schier unerschöpflichen Bedarf an Stahl, dem Rohstoff der Waffenindustrie. Folglich war der Wasserweg als kriegswichtig eingestuft, weil auf ihm, von der Nordsee aus kommend, schwedische Erze zur Stahlherstellung ins Ruhrgebiet transportiert wurden. Auf dem Rückweg nahmen die Kanalkähne vorgefertigte Eisenteile und Stahlplatten für die norddeutschen Werften mit, die daraus dann U-Boote und Kriegsschiffe aller Art bauten.

Postkarte aus den 1940er Jahren

Der Auftrag, diesen wirtschaftlich wichtigsten Wasserweg zu schützen, half Fred und Jupp, den größten Groll, den sie seit dem Zwischenfall vor ein paar Tagen in sich trugen, zu überwinden, galt es doch, bewährten Schiffskapitänen, die ein Schiff oder Boot eingebüßt hatten, zu einem neuen Fahrzeug zu verhelfen.

Die Propaganda des „Dritten Reichs" hatte es verstanden, aus U-Bootkommandanten Idole für die Jugend zu machen. Ein Bild von Günther Priem als idealtypischer Kriegsheld der NS-Propaganda, hing im verwaisten Klassenzimmer der Jungen in Mährisch-Schönberg[14]. Neugierig geworden, konnten Fredel und Jupp es kaum erwarten, den Kanalabschnitt einmal selbst in Augenschein zu nehmen.

Foto: Die alte und die neue Fahrrinne des Kanal am Glane-Düker. Quelle: Ladbergen 1939-1952

---

[14] Klassenzimmer 1943 von Mährisch Schönberg, J. Chovanec

Gleich am nächsten Tag machten sich beide auf den Weg zum Kanal. Ein einstündiger Fußmarsch lag vor ihnen. In Ausgehuniform gekleidet, wanderten die Freunde entlang einer Straße, die einen sandigen Sommerweg und einen befestigen Winterweg hatte. Sie wählten die unbefestigte Alternative, die die Autos und Fuhrwerke auf Grund der Witterung mieden. Links am Wegesrand entdeckten sie ein Steinkreuz mit Jesuskorpus, Ausdruck der hier weit verbreiteten Volksfrömmigkeit. Davor stand ein eisernes Kniebänkchen, das schon Rost angesetzt hatte. Dann stieg die Landstraße langsam an, um einen eiszeitlichen Sandhügel, den Nöttler Berg, zu „erklimmen". Kurze Zeit später erreichten sie die Bauerschaft Westladbergen, eine Ansammlung größerer und kleinerer Bauernhöfe, die in unmittelbarer Nähe der Wasserstraße lag. Der Kanal war schon von Weitem gut auszumachen, da die meterhohen Deichanlagen die Landschaft regelrecht durchschnitten. Jetzt verstanden die beiden jungen Luftwaffenhelfer, warum dieses Teilstück des doch so wichtigen Transportweges gerade hier so verletzlich war.

In diesem Bereich hatte sich schon vor über zehntausend Jahren, nach der letzten Eiszeit, ein Urstromtal gebildet, durch das heute das Flüsschen Glane fließt. In jener längst vergangenen Zeit, als hier noch Mammuts durch die Steppe zogen, gruben gewaltige Wassermassen auf einer Breite von über 500 Metern ein Flussbett in den Sandboden. Dabei entstand ein Höhenunterschied von bis zu vier Metern zwischen der Terrassenkante und dem Glanetal. Diese Differenz musste beim Kanalneubau durch entsprechend hoher Deiche ausgeglichen werden. Bei einer Zerstörung dieser aufgeschütteten Erdmassen würde unweigerlich der gesamte Kanal leerlaufen.

Im Herbst 1944 war es soweit. Der Abschnitt des Dortmund-Ems-Kanals rund um den Glanedüker wurde als größte Schwachstelle entdeckt.

Von da an flogen alliierte Bomberverbände wiederholt Angriffe auf dieses Fleckchen Erde. Die Folgen für Mensch und Natur waren verheerend.

Am Kanal angekommen, kletterten Fredel und Jupp den Deich hinauf, um den Leinpfad zu erreichen. Als sie nach Norden blickten, sahen sie, dass das unversehrte Wasserbett bereits wieder geflutet war und die ersten Schiffe auf dem noch unbeschädigten Abschnitt auf ihre Weiterfahrt warteten.

Nach Süden gewandt, sah die Welt anders aus. Sie beobachteten eine Gruppe von ungefähr 50 ausge-zehrten Zwangsarbeitern, die, jeder einen Spaten auf der Schulter, an ihnen vorbeimarschierten. Die kahl rasierten Köpfe gesenkt, kamen sie verdreckt und erschöpft von der Baustelle. Ein bewaffneter Wachsoldat führte die geschundenen Männer in ihre bescheidene Unterkunft zurück, eine ausgeräumte Scheune auf einem nahegelegenen Bauernhof mit angegliederter Schnapsbrennerei, in der bis zu 500 Männer auf engem Raum bei schlechter Verpflegung ausharren mussten.

Foto von Dr. Gerhard Wünsche von 1959: Deitermanns Kreuz

In der Dunkelheit der engen Scheune, in der das ausgelegte Stroh feucht vor sich hin rottete, fanden viele nur noch Trost in ihrem Glauben. Leise murmelten sie Gebete, suchten Halt in den Worten der Heiligen Schrift oder sangen, wenn auch nur flüsternd, vertraute Lieder aus besseren Tagen. Inmitten von Hunger, Entkräftung und Willkür blieb ihnen kaum mehr als die Hoffnung auf Erlösung – sei es in dieser Welt oder der nächsten. Für die, die Halt in der

Stille suchten, spendete das Hofkreuz, das abseits in einer Hecke stand, Kraft und Zuversicht.

Foto: Alfred Frömel im Frühjahr 1945 am Dortmund-Ems-Kanal[15]

[15] Vortrag vom 1.4.2011 in Saerbeck von Frau Bickel, Nichte von A. Frömel

24.09.1944 Luftbildaufnahme nach den 1. Großangriff

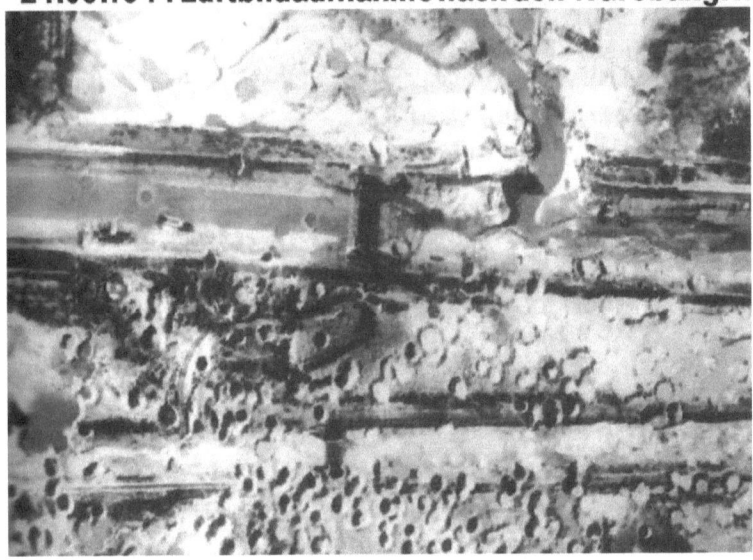

Foto: Verwüstung am Glanedüker des Dortmund-Ems-Kanals
Quelle: Ladbergen 1939-1952

Fredel hatte keine Lust, hier Fotos zu machen. Er wusste nur zu gut, dass seine Mutter sich große Sorgen machen würde, wenn sie trostlose Bilder einer Kraterlandschaft zu sehen bekäme. Außerdem war es ungewiss, ob ein Brief überhaupt ankommen würde, denn in der Feldpost durften keine Einzelheiten über die Dienststelle, den Aufenthaltsort, die Namen von Vorgesetzten oder Kameraden sowie militärische Absichten oder Verluste erwähnt werden.

Die große Zerstörung rund um den Glanedüker ließ sie erahnen, dass dieses Gebiet schon mehrfach von großen Luftangriffen heimgesucht worden war. Beeindruckt von der Zerstörungskraft der vielen explodierten Bomben kehrten die beiden Freunde zu ihren Kameraden zurück.

32

23. Sept.1944: Erster Großangriff auf den Kanal

Der Eindruck von Zerstörung und menschlichem Leid, den die Jungen vom Kanalabschnitt bekamen, täuschte nicht. Noch ein halbes Jahr zuvor hatte hier in unmittelbarer Nähe zum Kanal am Glanedüker die Familie Soestmeier gewohnt, die dort ein Gasthaus mit Kolonialwarengeschäft betrieb, in dem die Kanalschiffer gerne Rast machten, um sich mit Proviant zu versorgen.

Als am 23. September 1944 um 22 Uhr die Warnung vor dem ersten Großangriff eintraf, suchte die Familie Soestmeier Schutz in einem nahegelegenen Bunker, den sie unter Anleitung von Onkel Heinrich, einem Bruder des Gastwirts, selbst gebaut hatte. Das Ständerwerk des Schutzraums bestand aus schweren Bahnschwellen, die nach dem Bau des neuen Kanals achtlos zurückgelassen worden waren. Eine etwa einen Meter dicke Erdschicht diente als Bedachung und vervollständigte die Erdhöhle, die man nur über einen winkligen Gang betreten konnte, um Granatsplitter von der unterirdischen Behausung fernzuhalten. Zwei Stromleitungen verbanden das Wirtshaus mit dem Erdbunker, sodass der dunkle Raum beleuchtet wurde und die Warnmeldungen aus dem Radio verfolgt werden konnten.

Es dauerte keine halbe Stunde, bis im Schutzraum Familie Soestmeier das Dröhnen der Motoren feindlicher Flugzeuge deutlich hören konnte. Suchend kreiste zunächst eine große Anzahl von Fliegern längere Zeit über dem Luftraum zwischen den Orten Greven, Ladbergen und Saerbeck, bis sie endlich das Ziel ausgemacht hatten. Nach Absetzen von größeren Mengen Leuchtkörpern längs des Dortmund-Ems-Kanals folgten zwei Flugzeuge, die Zielmarkierungen in gelb-grünen Farben direkt über den Durchlass der Glane an den Himmel hefteten. Nachdem die

Orientierungsmarken gesetzt waren, kamen die Bomber, die etwa 400 mit Zeitzündern ausgerüstete Bomben abwarfen.

Voller Angst wartete Familie Soestmeier im Bunker und hoffte, verschont zu bleiben. Plötzlich hörte die 17-jährige Tochter Theresia den dumpfen Aufprall eines Gegenstandes. Zeitgleich ging die Lampe im Bunker aus. Als sie nach oben sah, leuchtete ihr der Nachthimmel entgegen. Sie rief nach den anderen, aber niemand antwortete.

Schutzraum Nachbildung
Stadt Museum Münster

Eine Bombe traf den Schutzraum, durchschlug die Bunkerabdeckung, und die aufgeschichteten Erdmassen verschütteten Vater, Mutter, die Schwester und das kleine Pflegekind Marita. Theresia kletterte durch das zerstörte Bunkerdach ins Freie und rannte zum Haus, um Hilfe zu holen. Dort war noch ihr Onkel, der das Gasthaus und Kolonialwaren-geschäft vor Plünderung schützen wollte. Sie drängte ihn, doch er zog sich erst Schuhe und Mantel an, bevor sie gemeinsam zurückkehrten. Gerade als sie das Haus verließen, explodierte eine Zeitzünder-Luftmine im Bunker. Die Druckwelle schleuderte beide zu Boden, hinter ihnen zerbrachen die Fensterscheiben. Theresia und ihr Onkel rappelten sich auf und liefen mit böser Vorahnung zur Unglücksstelle. Dort suchten sie verzweifelt in den aufgewühlten Erdmassen nach ihren Angehörigen, fanden aber nichts.

Erst Tage später gelang es einem Hilfstrupp, den Schutzraum zu orten, indem die Helfer systematisch dem Verlauf der

Stromleitungen folgten. Die Detonation hatte den gesamten Bunker um mehr als vier Meter versetzt. Natürlich kam jede Hilfe zu spät. Es konnten nur die Leichen von Theresias Eltern und ihrer älteren Schwester Ludwine geborgen werden. Ihre toten Körper standen bei der Bergung noch aufrecht im Bunker. Doch von der dreijährigen Marita war nichts übriggeblieben als ihre kleinen Füße. Onkel Heinrich legte die beiden Füßchen bei der anschließenden Beerdigung vorsichtig mit in den Sarg seiner Schwägerin.

Insgesamt warfen 103 alliierte viermotorige Kampflugzeuge in jener Nacht eine Bombenlast von 512 Tonnen am Kanal ab. Der Kanaldamm wurde an einer Stelle in etwa 50m Breite zerstört. Das Kanalwasser floss zwischen dem Sicherheitstor Westladbergen und dem Sicherheitstor in Greven Fuestrup aus.

Tosend ergoss sich das Wasser in die Landschaft. In Richtung Westen türmten sich die Wassermassen zu einer etwa ein Meter hohen Flutwelle auf, die alles mitriss, was sich ihr entgegenstellte. Die Westladbergener Getreidemühle trug schwere Schäden davon. Die Zufahrtstraße dorthin wurde komplett unterspült. In den umliegenden Häusern hinterließ das ausgelaufene Kanalwasser eine meterhohe Schlammschicht. Mit der Geschwindigkeit eines guten Läufers drängte das Wasser vorwärts. Gurgelnd umspülten die braunen Wassermassen nach einer halben Stunde den Posberg, einen eiszeitlichen Hügel, der sich im Naturschutzgebiet zwischen Saerbeck und Hembergen befindet.

Anschließend ließen die Wassermassen die Ems gefährlich ansteigen. Mit voller Wucht traf die Flutwelle die Emsfähre Kloppenburg am Hof Mersmann und riss die Wagenfähre und die Personenfähre mit sich fort. Die große Transportfähre erlitt dabei Totalschaden. Lediglich die schmale Personenfähre konnte Tage später ausgebessert und danach wieder in Betrieb genommen werden.

Das am Kanal versickernde Nass hinterließ Tausende sterbender Fische. Heerscharen von Ratten machten sich über die Tierkadaver her. Noch bevor die Instandsetzungsarbeiten am Kanal beginnen konnten, musste ein Sprengkommando aus Münster 14 Blindgänger unschädlich machen. Die Entschärfung von weiteren drei blindgegangenen starken Wasserminen, die im Kanalbett lagen, übernahm ein dafür eigens ausgebildetes Marinesprengkommando. Mit diesem Typ von Wasserminen hatten die Alliierten zuvor auch schon die Talsperren im Sauerland erfolgreich gesprengt.

Anschließend sorgte das Militär mit Unterstützung der Organisation Todt für die Beseitigung der Schäden am Kanal. Ziel war es, die wichtige Wasserstraße innerhalb von vier bis fünf Wochen wieder schiffbar zu machen. Die Reparaturarbeiten wurden von bis zu 4000 Zwangsarbeitern durchgeführt. Männer aus Frankreich, Belgien, den Niederlanden, Polen und Russland wurden zur Arbeit gezwungen und schufteten in Schichten unter der Bewachung deutscher Soldaten.

Ihr Ruhelager fanden sie in Baracken und Scheunen rund um den Kanal. Doch Zeit zum Ausruhen blieb ihnen auch in der wenigen Freizeit nicht. Um die harte Arbeit zu überleben, mussten sich die Zwangsarbeiter um die Beschaffung von Lebensmitteln kümmern. Allein oder in kleinen Gruppen durchstreiften sie die Umgebung, um Essbares zu organisieren. Die Not war so groß, dass Obstbäume, Kartoffeläcker und selbst Steckrübenfelder zur Nahrungsbeschaffung dienten[16]. Dabei gingen sie ein hohes Risiko ein. Wenn sie von dem Besitzer ertappt wurden, drohten hohe Strafen. Nicht selten bezahlten sie dafür sogar mit ihrem Leben.

---

[16] Tagebuch des Friedrich Saatkamp, S.302

36

Schwere Flak wird in Saerbeck stationiert

Unter enormem Druck ihrer Bewacher setzten die zahlreichen Arbeiter ihre Gesundheit aufs Spiel, um die Wasserstraße zu reparieren. Wie viele von ihnen dabei durch die gefährliche und anstrengende Arbeit oder bei Luftangriffen ums Leben kamen, ist in den verfügbaren Unterlagen nicht dokumentiert.

Ab dem 22. Oktober verkehrten wieder Schleppkähne auf dem Kanal. Ein großer Teil der ausländischen Arbeitskräfte verließ anschließend den Kanalabschnitt, um anderswo eingesetzt zu werden.[17] Um den Wasserweg besser zu schützen, wurden Anfang Oktober 1944 vier schwere Flugabwehrkanonen auf einem Acker hinter dem Hof Richter am südlichen Dorfrand von Saerbeck stationiert.

Foto: Bauernhof Richter aus der Nachkriegszeit
Quelle: Privatarchiv Familie Richter

---

[17] Tagebuch des Friedrich Saatkamp S.303

37

Für die Flakmannschaft, bestehend aus etwa 100 Soldaten und Luftwaffenhelfern, fehlten in den ersten Wochen noch feste Unterkünfte. Als Ausweichquartier wurden der Mannschaft drei der vier vorhandenen Räume in der örtlichen Dorfschule zugewiesen. Nach den Herbstferien staunten die Saerbecker Schulkinder nicht schlecht, als sie erfuhren, dass ihnen nur noch ein einziger Klassenraum zur Verfügung stand. Dort wurden die fünf Klassen jeweils zwei Stunden täglich zwischen 8 und 18 Uhr unterrichtet. [18]

Die Soldaten hingegen mussten in ihren Zelten übernachten. Einer jener deutschen Flaksoldaten war damals Franz, ein gutaussehender, 21-jähriger Oberfähnrich aus dem Saarland. Nachdem Franz und seine Kameraden die erste Woche in der Flakstellung verbracht hatten, spürten sie, dass ihr neues Alltagsleben mit vielen Entbehrungen verbunden war. Die spartanische Ausstattung der sanitären Anlagen war kaum noch zu unterbieten. „Was würde ich darum geben, endlich mal wieder ein heißes Bad zu nehmen", dachte Franz. In diesem Moment sah er, wie der zwölfjährige Hermann[19], ein Junge aus der Nachbarschaft, interessiert die Flakstellung inspizierte.

Franz winkte den Buben zu sich und bat ihn, er möge doch zu Hause fragen, ob er und die anderen Offiziere zum Baden kommen dürften. Die Antwort ließ nicht lange auf sich warten. Strahlend verkündete der Junge: „Meine Schwester hat gesagt, dass sie kommen können."
Kurze Zeit später marschierte die Führungsmannschaft der Flakstellung, ausgerüstet mit Handtuch und Kulturtasche, zum Haus von Hermanns Eltern.

---

[18] Auszug aus der Chronik der Volksschule Saerbeck (GAS 175)
[19] Hermann Wierlemann, Sohn des Molkereibesitzers

Foto: Soldaten der Flakstellung Richter vor ihrer Unterkunft
Quelle: Gemeindearchiv Saerbeck

Dessen Schwester Ursel öffnete die Tür. Franz war beeindruckt. Vor ihnen stand ein 16-jähriges, zierliches Mädchen mit schwarzen, schulterlangen Haaren und wunderschönen Augen. Die selbstbewusste junge Frau ließ die Soldaten eintreten und zeigte ihnen das schon vorbereitete Badezimmer. Nachdem die Männer sich gewaschen hatten, bedankten sie sich herzlich. Dabei vergaßen sie nicht zu fragen, ob sie nun regelmäßig wiederkommen dürften. Als Ursel nickte, strahlte Franz. Er hatte sich auf den ersten Blick in sie verliebt.

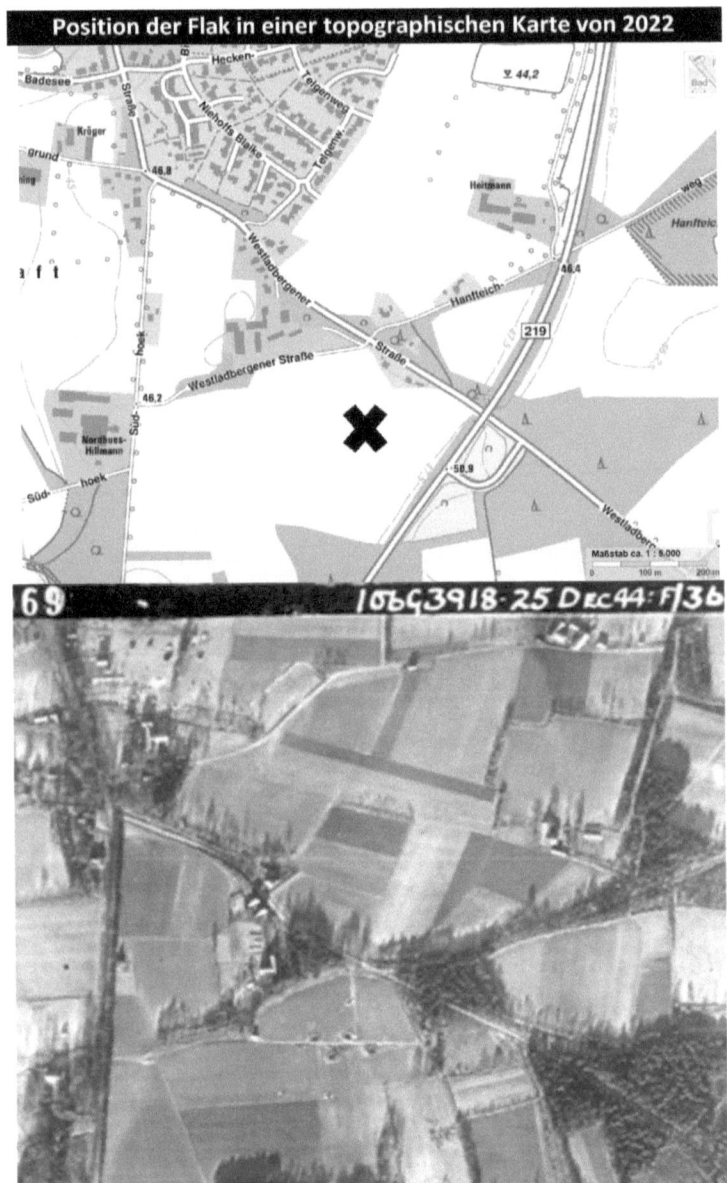

Position der Flak in einer topographischen Karte von 2022

Foto: Flakstellung von Oktober 1944 bis Januar 1945 sowie der Standort auf einer topographischen Karte von 2022
Quelle: Gemeindearchiv Saerbeck

40

Zweiter und dritter Großangriff auf den Kanal

Am Sonntag, dem 4. November 1944, erfasste das Fernradar[20] in Saerbeck Bomberverbände, die aus Richtung Holland kamen und das nördliche Münsterland ins Visier genommen hatten. Daraufhin meldete der Radiosender „Rheinsalm" in seinem Luftlagebericht einen im Anflug befindlichen Kampfverband auf Heinrich-Quelle 5. Die Bevölkerung wusste, was diese verschlüsselte Nachricht bedeutete: Es war mit einem Bombenangriff auf den Dortmund-Ems-Kanal zwischen Saerbeck und Ladbergen zu rechnen. Es blieben nur Minuten, um sich in Sicherheit zu bringen. Zusätzlich schrillten gegen 19 Uhr die Alarmsirenen in den umliegenden Ortschaften. Während die Bevölkerung Schutz in selbst errichteten Erdbunkern suchte, eilten die Geschützmannschaften der Flugabwehr auf ihre Posten.

Eine Viertelstunde später begannen Franz und seine Kameraden zum ersten Mal, mit ihren Flugabwehrkanonen in schneller Schussfolge auf die herannahenden Flugzeuge zu schießen, um den Dortmund-Ems-Kanal zu schützen. Der gewünschte Erfolg blieb jedoch aus. Die Feuersalven konnten nicht verhindern, dass die Alliierten einen Bombenteppich über den so empfindlichen Kanalabschnitt legten.

Als die Anwohner am Kanal die Warnung erhielten, verließen viele ihre Häuser und rannten, so schnell sie konnten, davon. Auch Theresia Soestmeier mit ihrem Onkel Heinrich hielten sich zu diesem Zeitpunkt in der Gefahrenzone auf. Beide hatten in den letzten Wochen versucht, Schankbetrieb und das Kolonialwarengeschäft im Sinne der verstorbenen Familienangehörigen weiterzuführen. Doch wo sollten sie nun Schutz suchen?

---

[20] Tagebuch des Friedrich Saatkamp, S.307

41

Da kam ein Unteroffizier der nahegelegenen Flakstellung herbeigeeilt, um beide zu überzeugen, in die Schutzräume der Flakstellung zu kommen. Doch es war schon zu spät. Die Bomben fielen bereits vom Himmel. Nach dem Angriff war die Schankwirtschaft zerstört, von den Körpern des Unteroffiziers und Onkel Heinrichs wurde nichts wiedergefunden, einzig Theresia überlebte. Man fand sie schwerverletzt am Rande eines Bombentrichters.

Etwa 500 schwere und schwerste Sprengbomben trafen das Kanalgelände zwischen der Westladbergener Brücke und dem Glanedurchlass. An zwei Stellen brach der Damm der Wasserstraße jeweils auf einer Breite von 40 bis 50 Metern. Der Kanal lief zwischen dem Sicherheitstor Fuestrup und der Schleuse Bergeshövede vollständig aus. Die Wassermassen ergossen sich erneut über die Glane in die Ems.[21]

Nach der erneuten Zerstörung des Kanals, die in ihrem Ausmaß noch größer war als nach dem ersten Großangriff, ließ die Organisation Todt nun inländische und ausländische Zwangsarbeiter herbeischaffen. So trafen auch mehrere hundert Bergarbeiter ein, um am Kanal zu helfen. Alle Unterbringungsmöglichkeiten im nahegelegenen Dorf Ladbergen waren nun überfüllt. Auf den Festsälen der Gaststätten, im Jugendheim, in einer ehemaligen Eisenwarenfabrik und selbst in der Schule wurden Notunterkünfte eingerichtet.[22]
Die Arbeiten schritten zügig voran, sodass der Kanal am 20. November wieder in Betrieb ging.

Das Gespenst eines dritten Großangriffs lag in der Luft. Am folgenden Abend, gegen 20:45 Uhr, griffen alliierte Bomber

---

[21] Polizeibericht vom 5.11.1944 GAS
[22] Tagebuch des Friedrich Saatkamp S. 311

tatsächlich erneut den Kanal an. Dabei fielen 300 bis 400 schwere und schwerste Sprengsätze auf den sensiblen Abschnitt. Dieses Mal wurde der Glanedurchlass selbst getroffen, wodurch die Wassermassen dort ausbrachen. Vorsichtige Schätzungen gingen davon aus, dass trotz aller Anstrengungen mit der Wiederaufnahme der Schifffahrt wohl nicht vor Weihnachten zu rechnen sei. [23]

Um den gesteckten Zeitplan einzuhalten, wurde der Einsatz von Arbeitskräften weiter aufgestockt. Mittlerweile waren bereits etwa 3700 in- und ausländische Arbeiter mit der Instandsetzung beschäftigt.

Eine Metzgerei aus Greven hatte bereits beim ersten Eintreffen von Zwangsarbeitern am Glanedüker erfolgreich personelle Unterstützung beantragt. Ihre eigenen Schlachtergesellen mussten sie nach und nach ziehen lassen, weil sie als Soldaten an der Front gebraucht wurden. Da Lebensmittel zu produzieren höchste Priorität hatte, wurden die angeforderten zwei kräftigen Helfer anstandslos bewilligt. Tagsüber machten die aus dem Osten verschleppten jungen Männer sich beim Schlachten nützlich. Nachts kehrten sie in ihre Unterkunft am Kanal zurück. Die Entlastung war allerdings oftmals nur von kurzer Dauer. Nach einem Großangriff auf den Kanalabschnitt kamen die jungen Männer häufig nicht wieder. Der Metzgermeister musste anschließend oft mehrere Tage warten, bis neue Zwangsarbeiterkontingente eintrafen, von denen dann wieder zwei für ihn abkommandiert wurden. [24]

Immer wenn die Reparaturarbeiten am Kanal dem Ende entgegengingen, fühlte sich der alte Metzgermeister schlapp und

---

[23] Polizeibericht vom 21.11.1944 GAS
[24] Mündlich überliefert von Adolf Wennemann Sen.

elendig und konnte seinen Helfern kaum noch in die Augen sehen. Er befürchtete, dass der Sensenmann bereits dengelte, um seine jungen Helfer zu holen.

November 1944: Pläne für den Westwall entstehen

Nachdem die alliierte Landung in der Normandie im Juni 1944 gelungen war, drängten US-amerikanische, britische und weitere Truppen die dort stationierten deutschen Einheiten immer weiter zurück. Nach der Befreiung von Paris im August und dem Vorstoß Richtung Deutschland konzentrierte sich die deutsche Militärführung zunächst darauf, das Ruhrgebiet als strategisch wichtigstes Industriezentrum zu verteidigen.

Im Oktober 1944 war noch unklar, wo die Alliierten den Rhein überqueren würden. Hatte die Wehrmacht bisher mit einem Angriff auf das Ruhrgebiet gerechnet, deuteten nun die Truppenbewegungen darauf hin, dass die Alliierten auch das Münsterland einnehmen könnten, um von dort weiter in das Weser-Ems-Gebiet vorzustoßen.

Die Errichtung einer Verteidigungslinie am Ostufer des Rheins"[25] sollte den Übertritt des Rheins bei Wesel verhindern. Der Plan sah vor, zwischen den Städten Anholt, Bocholt, Borken, Ahaus und Ochtrup einzelne Schützen- und Panzergräben zur Verteidigung zu ziehen.

---

[25] Mit dem Führererlass vom 25.09.1944 sollten die Pläne einer Ems-Rhein-Stellung verwirklicht werden, die in der NS-Propaganda als "Westfalenwall" bezeichnet wurde.

44

Der Gauleiter von Westfalen Nord war es, der für diese Abwehrmaßnahme den Begriff „Westfalenwall" prägte.

Er nutzte die Information, um sich in Berlin zu profilieren. „Mein Führer! Ich melde, dass an der Westgrenze des Gaugebietes tausende Volksgenossen den Westfalenwall errichten werden", so hatte er an das Führerhauptquartier telegraphiert, „erbitte Vollmacht und Bestätigung". In Anlehnung an den legendären Westwall suggerierte die Anfrage, dass selbst das letzte Aufgebot noch in der Lage sei, ein Bollwerk aus Stahl und Eisen zu errichten. Die Antwort aus Berlin kam prompt. Hitler erteilte seine Zustimmung.[26]

Ab dem Jahreswechsel 1944/1945 wurde das Vorhaben in die Tat umgesetzt. Im westlichen Münsterland nahe der holländischen Grenze begannen nach dem Neujahrsfest Soldaten, Zwangsarbeiter und auch Bergleute aus dem Ruhrgebiet, auf den Feldern zu schanzen. Insgesamt arbeiteten 40.000 bis 50.000 Männer an der Errichtung dieser Hauptkampflinie.

Da die Erdbewegungen für die Öffentlichkeit nicht zu übersehen waren, versuchte die Propaganda der Nazis, diese Aktivitäten als heroische Tat darzustellen. In Analogie zu germanischen Wallburgen wurde in der Presse und im Rundfunk vom Aufbau des Westfalenwalls berichtet, den es – so die Medien – unter Aufbietung aller Kräfte zu halten galt, um die Heimat zu retten. Jeder Ort im Münsterland musste Kontingente von Männern[27], die dem Volkssturm angehörten, an den Rhein entsenden.

Es entstand in Handarbeit mit Hacke und Spaten eine dünne Linie von Ein-Mann-Löchern, Schützen- und vertieften Straßengräben,

---

[26] Fünf vor Null S.18

[27] Auch aus Saerbeck wurden drei Familienväter rekrutiert, zwei kehrten lebend zurück.

die bei jedem größeren Regen einstürzten und neu geschaufelt werden mussten. [28]

Für den Fall, dass der Westfalenwall die feindlichen Truppen nicht stoppen konnte, sollte eine weitere Hauptkampflinie im nördlichen Münsterland endgültig den Vormarsch der Alliierten in das Wesergebiet verhindern. Der ländliche Raum zwischen Münster und Rheine bot sich dafür an, da hier die Ems, der Dortmund-Ems-Kanal und der Teutoburger Wald gute Verteidigungsmöglichkeiten boten. So lagen die Orte Greven, Ladbergen, Saerbeck, Brochterbeck, Riesenbeck, Hörstel und Dreierwalde plötzlich mitten in der geplanten Hauptkampflinie.[29]

Um die Moral der kämpfenden Truppen nicht zu gefährden, wurde die zweite Stufe des Verteidigungsplans als „streng geheim" eingestuft. Den Auftrag zur Umsetzung erhielt ein 49 Jahre alter Oberstleutnant, der sich bisher stets loyal gegenüber dem Gewalt-Regime verhalten hatte. Seit Kriegsbeginn lebte der ausgewählte hochrangige Soldat mit Frau und Tochter in Barth, einem Kurort 60 km östlich von Rostock, wo er ein Militärgelände der Luftwaffe leitete. Dr. Walter Sittig war mit Leib und Seele dem Militär verbunden. Als junger Offizier hatte er bereits begeistert am Ersten Weltkrieg teilgenommen. Mit der Kapitulation Deutschlands 1918 ging das Kaiserreich unter und mit ihm auch seine Karrierepläne in der kaiserlichen Armee. Sittig kehrte unfreiwillig ins Zivilleben zurück, studierte Biologie und trat nach seiner Promotion in den Schuldienst in Magdeburg ein.

Als sich 1936 die Gelegenheit bot, tauschte Sittig gerne den ungeliebten Beamtenrock eines Pädagogen wieder gegen die

---

[28] Fünf vor Null, H. Müller, 1976, S.18
[29] Darstellung zum Dortmund-Ems-Kanal im II WK u.a. bei G. Wegmann .a.o.O S.22-30

46

Uniform des Berufssoldaten ein.[30] Ab 1939 übernahm er die Kommandantur des Fliegerhorstes im Ostseebad Barth. Nach den ersten ruhigen Jahren in der Etappe wurde es hier turbulenter, als 1942 britische Luftangriffe auch Rostock erreichten, mit dem Ziel, eine der größten Rüstungsfirmen im „Dritten Reich", die Heinkel-Werkshallen, zu zerstören.[31] Mit der Dezentralisierung der Fabriken rund um Rostock konnte die Produktion von Militärflugzeugen weiterhin aufrechterhalten werden. Das Problem des Fachkräftemangels blieb jedoch bestehen. Das änderte sich erst, als Ernst Heinkel als erster Unternehmer begann, KZ-Häftlinge systematisch als Arbeitskräfte in eigens dafür errichteten KZ-Werken einzusetzen. Die Standortwahl für das „KZ-Werk" rund um Rostock fiel auf das militärische Gelände des Fliegerhorstes in Barth, für das Sittig verantwortlich war.

Ab 1944 arbeiteten und wohnten auf seinem Fliegerhorst in einem separaten Lager 2000-3000 weibliche und männliche KZ-Häftlinge. Misshandlungen der Gefangenen wegen Nichtigkeiten waren dort an der Tagesordnung. Die Bewacher der SS brachten einige der Häftlinge gar ohne Grund aus reiner Mordlust um.
Sittig guckte und hörte weg. Er versteckte sich hinter dem Argument, dass er nicht dafür verantwortlich war, was hinter dem Stacheldrahtzaun passierte.[32]

Die Geheimsache führte Sittig nun ins nördliche Münsterland. Der Auftrag lautete: Aufbau einer verdeckten Hauptkampflinie zwischen Ems und Teutoburger Wald. Um diese neue Aufgabe zu bewältigen, nutzte Sittig die hohe Anzahl von Flugabwehrkanonen in seiner künftigen Verteidigungslinie. Doch die Flakgeschütze, die er vorfand, genügten seinen Anforderungen nicht. Die Kanonen

---

[30] Siehe Schreiben von Frau Sittig (Mutter von Walter) an Dechant Beuing
[31] Förderverein Dokumentations- und Begegnungsstätte Barth e.V.
[32] Das KZ Außenlager Barth von Dr. Natalya Neske, S.1

waren nur zur Bekämpfung von Flugzeugen ausgelegt. Für den Aufbau einer Hauptkampflinie brauchte Sittig jedoch Flakgeschütze, die auch Bodenziele bekämpfen konnten. Daher sah sein Verteidigungsplan vor, an zentraler Stelle zwischen Ems und Teutoburger Wald die vorhandenen Flugabwehrkanonen zu modernisieren und aufzustocken, um sie dann im Verteidigungsfall innerhalb der Kampflinie verteilen zu können. Um diese Strategie umzusetzen, fiel die Wahl des zentralen Standorts auf die Flugabwehrstellung in Saerbeck an der Westladbergener Straße, in der ab Januar 1945 die Flakgeschütze ersetzt und verdreifacht wurden.

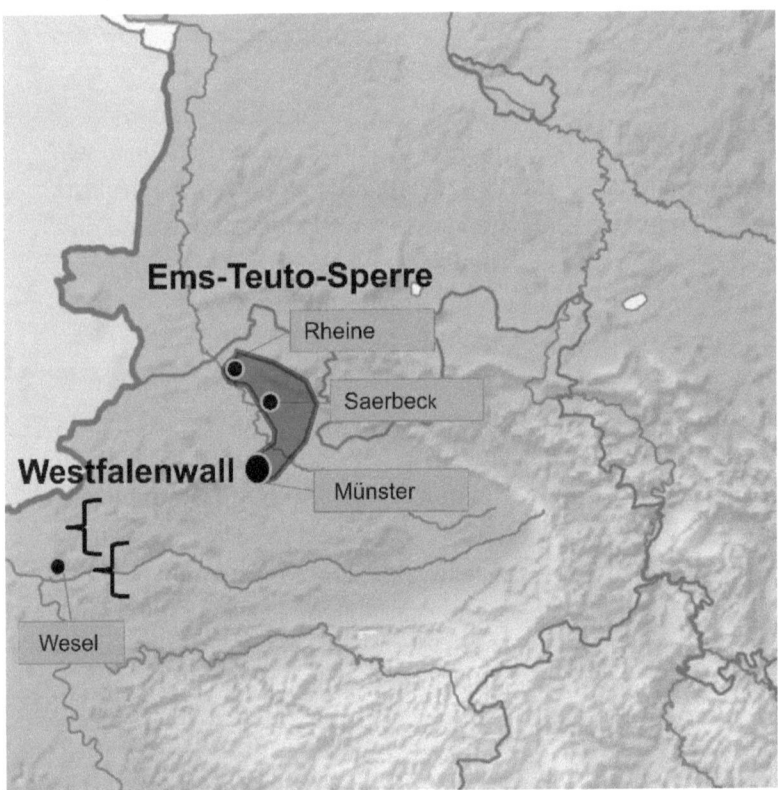

Karte: Lage der Ems-Teuto-Sperre

Dezember 1944: Verstärkung aus Berlin trifft ein

Eine Flakbatterie aus Berlin-Friedrichsfelde sollte helfen, den Plan zum Aufbau dieser Hauptkampflinie umzusetzen. Der Chef der Berliner Flakbatterie, Hauptmann von Obentraut, erhielt daher den Befehl, seine gesamte Mannschaft nach Saerbeck zu verlegen. Die Hälfte davon bestand aus Flaksoldaten, Unteroffizieren und russischen Gefangenen. Die andere Hälfte des Personals wurde durch 75 Luftwaffenhelfer aus der Gegend rund um Berlin ergänzt. Zu ihnen gehörten auch die drei Gymnasiasten Lutz, der sich Jahre später den Künstlernamen Luigi Colani gab, Wolfgang und Harry sowie deren gesamte Klasse in Begleitung ihrer Lehrer. Die Berliner Flakmannschaft traf am zweiten Weihnachtsfeiertag 1944 im Münsterland am Bahnhof Greven ein. Von dort aus marschierten sie mit Gepäck noch zehn Kilometer zum Zielort Saerbeck.

Bei Temperaturen von minus 18 Grad Celsius und tiefgefrorenem Boden wurden unweit der Flakstellung Richter auf einem Acker in der Nähe der Hofstelle Heitmann in Handarbeit mit Schaufel und Spitzhacke die Gräben ausgehoben und Schutzwälle für weitere Flakgeschütze angelegt. Zumindest die Flakhelfer wusste Hauptmann von Obentraut zu schonen. Bis die Holzunterkünfte bezugsfähig waren, durften sich die Jugendlichen im Saal einer Gaststätte[33] und in Privathäusern von Familien, die mitten im Dorf lagen, einquartieren.

Für kurze Zeit konnten die Oberschüler abseits vom Militäralltag das westfälische Landleben kennenlernen und erste Kontakte mit der heimischen, weiblichen Dorfjugend knüpfen[34].

---

[33] Gaststätte Hase
[34] „Abends trafen wir die Jungs aus Berlin bei Familie Boner", so Toni Adrian

1. Januar 1945: Vierter Großangriff auf den Kanal

Foto: Eingang Gaststätte Hase

Als am Neujahrstag die Verstärkung aus Berlin noch in ihren Unterkünften im Dorf auf ihre neuen Geschütze wartete, überflogen morgens um 11 Uhr 94 viermotorige Bomber vom Typ Lancaster mit dem Ziel Dortmund-Ems-Kanal in niedriger Höhe zunächst den Ort und dann die Flakstellungen.

Aus bitterer Erfahrung hatten die Saerbecker und Ladbergener Bürger dieses schreckliche Ereignis schon mit Bangen vorausgesehen, denn am 22. Dezember waren die Arbeiten am Kanal abgeschlossen worden und bereits am Tag darauf hatten die ersten Schiffe wieder den Kanalabschnitt passiert. Und doch war der Großangriff eine Überraschung, da er erstmals nicht in der Nacht, sondern am Tage geflogen wurde. Die vier 10,5 cm Geschütze beim Bauernhof Richter feuerten auf die herannahenden Flugzeuge, allerdings ohne Erfolg. Die alliierten Kampfflieger überlisteten die Flugabwehr, indem sie den Angriff im Tiefflug durchführten.

Die Flugzeuge luden ihre zerstörerische Last ungehindert ab. Zirka 500 schwere Bomben und Luftminen mit einem Gewicht von 558,1 Tonnen fielen gezielt vom Himmel. Alle Sprengsätze waren mit Langzeitzündern ausgerüstet, die zwischen 30 Minuten und 6 Stunden nach dem Abwurf explodierten. Die Detonationen hörten erst am Abend gegen 18 Uhr wieder auf. Unmittelbar nach dem Angriff rückten Sanitäter und Sanitäterinnen aus, um Erste Hilfe für die Soldaten und Zwangsarbeiter zu leisten, die die Gefahrenzone nicht verlassen durften und nun dringend ärztlich versorgt werden mussten[35].

Der Kanaldamm war anschließend auf beiden Seiten auf einer Länge von 500 Metern weggesprengt worden. Schwere Schäden trug auch der Glanedurchlass davon. Der Kanal lief zwischen den Sperrtoren Westladbergen und Fuestrup aus.
Wieder konnte der Wasserweg wochenlang nicht benutzt werden. Wieder fingen Tausende von Zwangsarbeitern erneut an, die Schäden des Großangriffs zu beseitigen.

Nach dem einstündigen Großangriff kehrte schnell wieder der Alltag in der Flakstellung ein. Der übliche Batteriedienst bestand zum größten Teil aus Geschütz-Exerzieren, Appellen und natürlich Alarmeinsätzen. Beim Überflug von Bomberverbänden, die nach Berlin flogen, übernahm jeweils eine Gruppe aus vier Flak-Bedienmannschaften die sogenannte Feuerüberwachung, bei der aber kein Schuss abgegeben werden durfte. Gleiches galt bei Jagdbomberangriffen. Auch hier galt nur der bedingte Alarmzustand.

Anfang Februar erreichte die Flakstellung die Nachricht, dass der Kanal bald wieder in Betrieb genommen werden könnte. Sofort setzte eine fiebrige Emsigkeit ein. Selbst wenn die Soldaten sich schlafen legten, so taten sie das nur noch in voller Montur, um schnell genug einsatzbereit zu sein.[36]

---

[35] Toni Adrian berichtet, dass ihre Schwester Hedwig als Sanitäterin zu den Ersthelfern gehörte. Auch Else Liesenkötter , geb. Wennemann, zählte dazu.
[36] Zeitzeuge Günter Graßmann, LwH Berlin, S.2/S3

7. Februar 1945: Fünfter Großangriff auf den Kanal

Kaum 24 Stunden, nachdem der Kanal wieder instandgesetzt und in Betrieb genommen war, flogen um Mitternacht in zwei Wellen 174 britische Flugzeuge auf die Kanalüberführung zwischen Ladbergen und Saerbeck zu. Die vier Kanonen beim Hof Richter gaben erst 199 Schuss und in der zweiten Welle 320 Schuss ab. Die nun einsatzbereiten acht neuen moderneren Geschütze der Berliner Flakmannschaft beim Hof Heitmann feuerten zunächst 250 Schuss und anschließend nochmals 340 Schuss in die Luft. Der gezielte Abwurf von 812 Tonnen Bomben konnte verhindert werden. Der Kanalabschnitt blieb trotzdem für die nächsten Wochen nicht passierbar. wenn auch die Schäden noch viel gravierender hätten ausfallen können.

Nach diesem Erfolg der Flugabwehr überraschte die Soldaten die Nachricht, dass die vier alten 10,5 cm Geschütze beim Hof Richter abtransportiert werden sollten.

Drei Tage später hieß es für Franz, Abschied zu nehmen. Der wöchentliche Badetag war für ihn und die Offiziere unter Leitung von Oberleutnant Zellmann zu einem echten Höhepunkt im sonst so trüben Soldatenalltag geworden. Frisch gewaschen hatte man oft mit Ursel und ihren Eltern, die die hiesige Molkerei betrieben, gemütlich bei einem Glas Wein zusammengesessen. Den leckeren Tropfen hatten seine Kameraden trotz der angespannten Kriegslage immer zu organisieren gewusst.

Franz ließ sich Zeit. Nachdem die anderen sich nach und nach verabschiedet hatten, saßen nun nur noch Ursel und er allein in der Küche. Wie oft hatte er sich gewünscht, einmal ungestört mit Ursel Zeit zu verbringen. Nie hatte sich in den letzten Monaten die Gelegenheit dazu ergeben. Franz lenkte das Gespräch auf die Zukunft und spürte, dass er Ursel vertrauen konnte. Er sprach offen darüber, dass der Krieg verloren sei und dass er Angst habe, dann in Gefangenschaft zu geraten.

52

Foto: Flakmannschaft von OL Zellmann vor ihrer Kanone.
Quelle: GAS (Gemeindearchiv Saerbeck)

Nachdem Ursel aufmerksam zugehört hatte, schlug sie vor: „Versteck dich doch in der Heide, wenn die Tommys kommen. Ich kann dich dann mit Lebensmitteln versorgen, bis alles vorüber ist." Trotz des fahlen Lichts der Lampe konnte Franz ihren entschlossenen Gesichtsausdruck erkennen. Dieser drückte die volle Überzeugung aus, dass der Plan gelingen würde[37]. Auf der Küchenbank sitzend, rutschte Ursel näher an Franz heran. Dann sagte sie: „Gib auf dich acht, hörst du!" „Ich versuch's", antwortete er heiser und hoffte, dass sie die Unsicherheit in seiner Stimme nicht bemerkte. Er fragte sich, ob es einen Weg gab, der Kriegsmaschinerie zu entkommen, ohne gleich erschossen zu werden. Franz war fest entschlossen, für sich diesen Weg zu finden.

Am folgenden Tag verließ Oberleutnant Zellmann mit seiner Mannschaft nach nunmehr fünf Monaten die Flakstellung Richter. Sie zogen mit ihren Geschützen nach Ladbergen, wo sie in der Nähe des Hofes Ferlemann erneut in Stellung gingen.

Foto: Unterkünfte der Radarstation Rheinsalm

Zurück in Saerbeck blieben tatsächlich Franz und sein Freund Kuddel. Beide baten Zellmann, zum Rheinsalm abkommandiert zu werden. Sie weihten ihn in ihren Plan ein, wie sie einer drohenden Gefangenschaft entkommen wollten. Die Offenheit und das Vertrauen zahlten sich aus. Zellmann willigte ein.

---

[37] Zeitzeugenbericht Franz und Ursel Schuh

54

1. März 1945: Ersatz aus Bochum-Stiepel trifft ein

Die geräumte Flakstellung Richter blieb nicht lange verwaist.
Schon zwei Wochen später trafen sechs modernere 8,8 cm

Flakgeschütze aus Bochum-Stiepel ein, die nun im Gegensatz zu ihren Vorgängern erdkampftauglich waren. Mit den Kanonen kam auch die zugehörige Mannschaft nach Saerbeck und mit ihr zusätzlich auch Jupp und Fredel.

NS-Glorifizierung der Flugabwehr, um Jugendliche für den Kriegsdienst zu begeistern.

Der Kompaniechef der Bochumer Flakmannschaft, Oberleutnant Wendt, war evangelischer Pfarrer im Offiziersrock. Alle seine Geschützmannschaften waren eingespielte Teams. An jeder Kanone arbeiteten ein bis zwei Flaksoldaten mit sieben oder acht Luftwaffenhelfern Hand in Hand. Zusätzliches Personal brauchte Oberleutnant Wendt nicht. Im Gegenteil: Er hatte vielmehr Not, seine eigene Truppe in den vorhandenen Baracken unterzubringen, die ja nur für vier Geschützmannschaften ausgelegt waren, nun aber von sechs Geschützmannschaften bewohnt werden mussten.

Da die Baracken längst überfüllt waren und sich die Enge zunehmend als problematisch erwies, entschied der Oberleutnant, Fredel und Jupp an die benachbarte Flakstellung aus Berlin unter Führung von Hauptmann von Obentraut abzugeben. Dieser verfügte über bessere Unterkünfte, da seine Stellung erst im Januar errichtet worden war. Fredel und Jupp nahmen den Wechsel gelassen hin, denn sie fühlten sich weder der einen noch der anderen Truppe zugehörig.

55

3. März 1945: Sechster Großangriff auf den Kanal

Eigentlich sollte in dieser Nacht der Kanal wieder in Betrieb genommen werden. Seit dem letzten Angriff waren wieder viele tausend Zwangsarbeiter unter Einsatz ihres Lebens damit beschäftigt gewesen, die Deiche zu reparieren. Nach über vierwöchiger Arbeit war der Kanalabschnitt wieder hergestellt. [38] Darüber waren auch die Alliierten gut unterrichtet.

So brach für Jupp und Fredel am dritten Tag nach ihrer Ankunft abends um 21:40 Uhr die Hölle los. Und nicht nur für sie. In der Stellung schrillten die Sirenen, um Feueralarm zu geben. Über 200 feindliche Bomber hatten den Dortmund-Ems-Kanal wieder ins Visier genommen.

Hofstelle Heitmann

Der Anblick war schaurig und unheimlich. Der Himmel stand voller Leuchtkugeln, die die Nacht zum Tage machten, um den Flugzeugen das Angriffsziel anzuzeigen. Zusammen mit den Geschützen auf dem Acker am Hof Heitmann feuerten vierzehn 8,8 Kanonen auf die feindlichen Bomber am Himmel. Wildes Getöse lag in der Luft, verursacht durch Flieger, Flak und explodierende Bomben. Erst in den Morgenstunden wurde es still, nachdem die Detonationen verebbt waren.

Die Schwere des Luftangriffs war kaum zu ermessen. Schätzungsweise 1400-1700 schwere Bomben und Minen waren in dem nur 30-minütigen Angriff abgeworfen worden. Der Ablenkungsversuch der Wehrmacht, durch künstlichen Nebel das Angriffsziel zu verschleiern, war fehlgeschlagen. Den meisten

---

[38] Tagebuch des Friedrich Saatkamp, Seite 340

Flugzeugen gelang es, ihre Bombenlast konzentriert im Bereich des Kanals abzuladen. Damit fielen auf keinen ländlichen Raum während des gesamten Zweiten Weltkrieges mehr Bomben als auf das Gebiet zwischen Saerbeck und Ladbergen. [39]

Wieder waren die Deiche dem Erdboden gleich gemacht. Die Schäden waren so riesig, dass niemand mit einer Aufnahme des Schiffsverkehrs vor April rechnete.

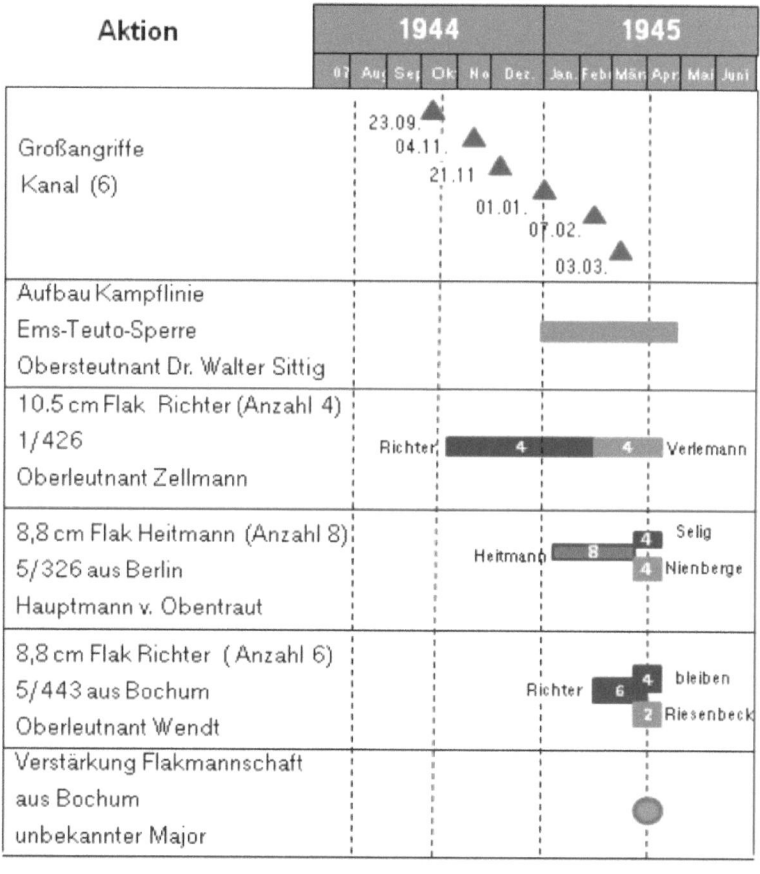

---

[39] 4444 Tonnen Bomben fielen in diesen sechs Großangriffen; siehe WN vom 25.08.2004

4.-17. März 1945: Alltag in der Flakbatterie [40]

Nach diesem Luftangriff kehrte für die nächsten Wochen wieder der Alltag in der Stellung ein. Da Jupp und Fredel nicht auf dem Dienstplan der Flakbatterie standen, zogen sie sich morgens nach dem Frühstück in ihr Wohnquartier zurück. Dort gehörte das Läusesuchen zum festen Ritual, da sich die Tierchen in Haaren und Unterwäsche eingenistet hatten. Anschließend lagen sie oft auf ihren Strohmatratzen und hingen ihren Gedanken nach.

Neidisch grübelte Jupp, ob die Eltern seiner Mitschüler wohl bereits eine Wiedersehensfeier planten, um die glückliche Heimkehr ihrer Kinder zu feiern. Voller Mitleid dachte er an seine Mutter, die die Freude der anderen Eltern nicht teilen konnte. Er vermisste seine Familie schmerzlich. Sein letzter Besuch zu Hause lag nun schon über zwei Monate zurück. Ihm fehlte aber auch sein Heimatstädtchen Mährisch Schönberg[41] und sogar seine Schule, die er schon über ein Jahr nicht mehr betreten hatte. Ihm wurde klar, dass seine glückliche Kindheit mit der Einberufung zum Luftwaffenhelfer vor gut einem Jahr schlagartig geendet hatte.

Am 17. Juni 1928 wurde Jupp in Schönberg geboren, einem Ort mit historischem Stadtkern und einer über 700 Jahre zurückreichenden Geschichte als deutscher Handelsstützpunkt. Nach dem Ersten Weltkrieg wurde das Städtchen 1918 Teil der neu gegründeten Tschechoslowakei. Als jedoch im Oktober 1938, basierend auf dem Münchener Abkommen, die Sudetengebiete mit etwa drei Millionen Bürgern dem Deutschen Reich angeschlossen wurden, begrüßten die Schönberger diesen Schritt. Anschließend profitierten sie von den Errungenschaften des NS-Staates: keine Arbeitslosigkeit, „Kraft durch Freude"-Programme, Belohnungen

---

[40] Zeitzeugenbericht J. Chovanec S. 1-2
[41] Mährisch Schönberg - Sudentenland

für Mütter mit sechs oder mehr Kindern. Doch schon bald regten sich bei den Bürgern Zweifel.

Jupp konnte sich noch gut an den 3. Oktober 1938 erinnern. Die Politik wollte die „Befreiung" feiern, und bekanntlich geht die Liebe durch den Magen. Getreu diesem Motto hatte der Bürgermeister zum Eintopfessen aus der Gulaschkanone der Wehrmacht auf dem Marktplatz eingeladen. Wer die gute böhmische Küche kennt, weiß jedoch, wie schrecklich ein solcher Eintopf schmeckt. Die Schönberger deuteten dies als kulinarischen Vorgeschmack auf das, was noch auf sie zukommen würde. Und sie sollten Recht behalten, dachte Jupp. Einen Monat später zerschlugen die Nationalsozialisten in der Stadt die Schaufenster jüdischer Geschäfte. Jupp erinnerte sich noch genau an das verstörte Gesicht seines Schulkameraden und Nachbarn Heinz Spitzkopf, als dieser am nächsten Tag den Klassenraum betrat. Heinz hatte mit ansehen müssen, wie Braunhemden den Schuhladen seines Vaters verwüsteten. Diese im gesamten Reich organisierten Verbrechen gegenüber jüdischen Mitbürgern und deren Kulturstätten gingen später als Reichspogromnacht in die Geschichtsbücher ein.

Dann kam der Freitag, der 1. September 1939, der Tag des Kriegsanfangs. Viele Schönberger bekamen einen Einberufungsbefehl zur Wehrmacht oder Luftwaffe. Bei Hitlers anfänglichen Erfolgen schwieg man, auch wenn mancher, statt Kriegsbeute nach Hause zu bringen, sein Leben in Frankreich oder Russland verlor. Still war es damals auf den Straßen geworden, der anfängliche Jubel verflogen.
Einzig das Geklapper der roten Geldbüchsen des Winterhilfswerks klang ihm noch im Ohr. In den Wintermonaten gingen die Hitlerjugend und Mädchen vom BdM[42] durch die Gassen, um Spenden zusammenzutragen, damit die deutschen Soldaten in Russland nicht erfrieren mussten.

---

[42] BdM: Bund deutscher Mädel, Jugendorganisation der N.S.D.A.P. für Mädchen

Niemand begehrte auf, denn die misstrauischen Nachbarn und die Geheime Staatspolizei (Gestapo) wachten über Mährisch-Schönberg.

Mit dem Wechsel von der Grundschule auf die weiterführenden Schulen versuchten die Nationalsozialisten, die Jugend fest an sich zu binden. Für die Aufnahme in die Oberschule war der Nachweis der Zugehörigkeit zur Hitlerjugend (HJ) Pflicht. Jupp hasste die Geländespiele, die fast immer den Kern der Gruppenstunden bildeten. Doch da er unbedingt die Oberschule besuchen wollte, blieb ihm keine andere Wahl – er musste mitmachen. Zum Glück gab es die Musik-HJ. Hier fand Jupp eine Möglichkeit, sich einzubringen. Zunächst spielte er Querflöte im Spielmannszug, später Posaune in der HJ-Blaskapelle und schließlich Geige im HJ-Quartett. Rückblickend musste er sich eingestehen, dass es ihm damals viel Spaß gemacht hatte, in schicker Uniform im Rampenlicht zu stehen und gemeinsam mit den anderen Jungen begeistert zu musizieren.

Eine weitere Voraussetzung für die Aufnahme in die Oberschule war eine „arische", nicht jüdische Abstammung. Jupp erinnerte sich noch genau, wie ihm der Lehrer einen leeren Ahnenpass in die Hand gedrückt hatte. Das Format der Mappe, gebunden in braunes Leinen, ähnelte dem eines Schulheftes und enthielt über 40 Seiten Vordrucke für Geburts- und Heiratsurkunden sowie eine Ahnentafel. Mit diesem Dokument ausgestattet, marschierte er zum Pfarrer, um die Geburts- und Sterbedaten sowie die religiöse Zugehörigkeit seiner Vorfahren bis ins dritte Glied eintragen zu lassen. Wehmütig dachte er an seinen jüdischen Schulkameraden Heinz, dem die Nationalsozialisten durch diese Vorschrift den Zugang zur höheren Bildung verwehrten.

In der Oberschule lernte Jupp Fredel kennen. Sie verstanden sich sofort. Beide verband vor allem die Vorliebe für die Musik. Fredel hatte sein Talent wohl von seinem Vater geerbt, der siebzehn Musikinstrumente beherrschte und gerne an den langen

Winterabenden mit Fredel und seiner älteren Schwester Hausmusik machte. Fredel war für ihn ein echter Freund: Einer, auf den er sich immer verlassen konnte.

Wie schön war jetzt im Rückblick noch das Jahr 1943 gewesen. Alles lief seinen gewohnten Gang. Die Fronten in Italien und Russland waren weit weg, und außer einigen blinden Luftalarmen konnte die Stadt ruhig schlafen.

Anfang 1943 begann die deutsche Führung damit, fünfzehn- und sechzehnjährige Jungen als Flakhelfer einzuberufen. Diese übernahmen Funktionen, die vorher von Soldaten ausgeübt wurden. Die dadurch freigestellten Soldaten konnten an die Front geschickt werden, wo man sie angesichts der hohen Verluste dringend brauchte. Die Einberufung begann mit Jungen aus den Jahrgängen 1926 und 1927. Auch an seiner Schule fehlten plötzlich die älteren Jahrgänge über ihm. Jupp erinnerte sich noch genau an das seltsame Gefühl, plötzlich zu den Ältesten in der Schule zu gehören. Der Satz seiner Eltern klang ihm noch in den Ohren: „Gott, Junge, hast du ein Glück, dass du noch so jung bist und nicht in den Krieg ziehen musst."

Doch es kam anders. Kurz vor Weihnachten flatterten auch für Jupp und Fredel die Musterungsbescheide ins Haus. Mit gemischten Gefühlen traten sie gemeinsam mit ihren Mitschülern zur Eignungsprüfung an. Besonders die körperlich schwächeren Schulkameraden und diejenigen, die eine Brille trugen, hofften darauf, ausgemustert zu werden. Doch das Ergebnis war ernüchternd: Der Gesundheitscheck ergab, dass die gesamte Klasse ausnahmslos als luftwaffentauglich eingestuft wurde. Es dauerte nicht lange, bis alle Jungs der Klasse ihre Einberufungsschreiben im Briefkasten fanden.

In den ersten Januartagen 1944 traf die gesamte Oberschulklasse in Ehrenforst in Oberschlesien ein, dem heutigen polnischen Slawiecice[43], um als Luftwaffenhelfer ausgebildet zu werden.

Stolz war Jupp darauf, dass er als guter Mathematiker am Funkmessgerät unterrichtet wurde, um aus Flughöhe und Geschwindigkeit des herannahenden Flugzeugs die ballistischen Daten für die Flak (Richtung, Steigung, Vorhaltung) zu berechnen. Nach acht Wochen endete die Ausbildung in der Kaserne. [44]In der abendlichen Dämmerung tauchten brennende Fackeln den sonst bei allen Flakhelfern verhassten Exerzierplatz in warmes Licht. Als die Militärkapelle spielte, breitete sich eine feierliche Atmosphäre unter den Anwesenden aus.
Aufgestellt in Reih und Glied ließen die Jugendlichen die Rede des Kompaniechefs über die Wichtigkeit der Ausbildung über sich ergehen. Danach mussten sie im Chor schwören, allzeit ihre Pflicht zu tun sowie stets treu und gehorsam zu sein. Zum Schluss trat jeder Einzelne vor die Kompanie, um das Versprechen per Handschlag gegenüber einem Offizier zu bestätigen.

Was noch als willkommene Abwechslung vom Schulalltag begann, mündete im ersten Militäreinsatz. Jupp und seine Mitschüler wurden als frisch ausgebildete Luftwaffenhelfer nach Oderwalde (heute Dziergowice) in eine Flakstellung verlegt, die ein nahegelegenes Hydrierwerk zu schützen hatte.

Im Sommer fiel Jupp sein 16. Geburtstag dem strengen Dienstplan als Luftwaffenhelfer zum Opfer. Die Klassenkameraden kamen nur kurz zum Gratulieren, um dann wieder auf ihre Posten an der Flak zurückzukehren. An eine Geburtstagsfeier war nicht zu denken.

---

[43] Slawentzitz war den Nazis nicht deutsch genug, deshalb die Umbenennung
[44] Vereidigung der LwH war fester Bestandteil der Ausbildung,

62

Eingebunden in den starren militärischen Tagesablauf, verbrachten die Schüler nicht nur das Frühjahr und den Sommer in Oderwalde. Als die Blätter von den Bäumen fielen und der Herbst sich ankündigte, hielten sie immer noch die Stellung, um das Hydrierwerk vor Angriffen aus der Luft zu schützen. Doch nach dem Jahreswechsel sollte sich die Situation ändern.

Am Dreikönigstag 1945 begannen die ersten Vorbereitungen zur Verlegung der Mannschaft in Richtung Westen, nachdem die Flakstellung die Nachricht erreichte, dass die russische Armee schon vor der 160 km weiter östlich gelegenen Stadt Krakau stünde.

Tatsächlich erfolgte die Befreiung dieser bedeutenden Stadt an der Weichsel am 15. Januar. Mit ihrer Winteroffensive war die Rote Armee drei Tage zuvor nach Krakau vorgestoßen, wo sie heftige Kämpfe mit der deutschen Wehrmacht zu bestehen hatte, bis die Stadt endlich von den deutschen Soldaten geräumt wurde.

12 Tage später, am 27. Januar 1945 erreichten die ersten sowjetischen Soldaten das Konzentrationslager Auschwitz-Birkenau, in dem etwa 1,1 Millionen Menschen, davon eine Million Juden, ermordet wurden. Die russischen Soldaten konnten das, was sie sahen, nicht begreifen und ritten schockiert an den Häftlingen vorbei. Links und rechts der Straße gab es schwarze Flecken: Tote, die der Schnee noch nicht völlig bedeckt hatte. Angehörige der Lager-SS hatten versucht, noch möglichst viele Häftlinge zu erschießen oder sie in ihren Baracken zu verbrennen. Aber angesichts des näherkommenden russischen Geschützdonners mussten sie bald das Weite suchen.

Nun rissen in Oderwalde, das 100 km westlich von Ausschwitz liegt, die Fahrzeugkolonnen der Deutschen Wehrmacht nicht mehr ab, die nach Westen strömten.

Anfang Februar war es dann endgültig für die Oberschüler soweit. Die Flakstellung in Oderwalde wurde geräumt. Nun folgte eine schreckliche Odyssee. Zunächst mussten sie mit Sack und Pack auf die Ladefläche eines Opel Blitz steigen. Die Kälte kroch schnell den Körper hoch und sie froren am ganzen Leib, während der Militärlastwagen auf vereisten Wegen rumpelte.
Sie kamen nur langsam voran. Obwohl sie nur ein ausgedehntes Waldgebiet durchqueren mussten, war es bereits auch hier schon zu gefährlich, am Tage zu fahren, denn Tiefflieger kontrollierten aus der Luft die Forstwege und Straßen und schossen auf alles, was sich bewegte.
Nachts ohne Scheinwerferlicht vorwärts zu kommen, war ebenfalls nicht möglich, da unter diesen Umständen jegliche Orientierung fehlte. Das Fahrlicht in der Dunkelheit einzuschalten verbot sich jedoch. Die russischen Heckenschützen hätten das Fahrzeug sofort als Ziel ausgemacht.

So blieb nur die Zeit der Morgen- und Abenddämmerung. Aber selbst hier musste die Fahrt immer wieder unterbrochen werden. [45] Sobald Geräusche von Tieffliegern zu hören waren, klopfte einer an das Fahrerhaus, damit der LKW sofort anhielt und sie von der Ladefläche in den nächsten Straßengraben springen konnten. Erst wenn der Motorenlärm der matt grün lackierten Iljuschin verklungen war, durfte man sich aus dem Versteck herauswagen,

---

[45] Verhalten im Krieg bei Fliegeralarm, beschrieben von Josef Chovanec.

64

denn der zusätzliche Bordschütze hatte die Möglichkeit[46], sein Maschinengewehr auch nach hinten zu richten.

Unversehrt erreichten sie den nächsten größeren Bahnhof in Rudgershagen. Dort mussten sie auf einen Zug warten, der weiter in Richtung Westen fuhr. Es war bitterkalt, der Otmachauer See war zugefroren, und das Reiseziel blieb unbekannt. Auch der Transportzug, den sie schließlich besteigen durften, fuhr nicht ohne Unterbrechung. Immer wieder hielt er an und wartete auf das Signal, weiterfahren zu dürfen. Tage vergingen, bis sie endlich die Oder bei Görlitz erreichten. Von dort aus ging es in Richtung Dresden weiter.

Es war Mitte Februar, und an diesem späten Nachmittag begann es bereits zu dämmern, als sie nach der 400 Kilometer langen Zugfahrt die Stadt erreichten. Die Straßen waren von Planwagen flüchtender Zivilisten und deutschen Militärlastwagen verstopft. Sie fühlten sich in Sicherheit – schließlich hatten sie die russische Front weit hinter sich gelassen. Doch dieses Gefühl der Geborgenheit war trügerisch. Kaum war der Neustädter Bahnhof in Sicht, ertönten die Sirenen der Stadt und gaben Vollalarm.

Von vorn kam der Befehl: „Absteigen und in Gruppen Schutzräume suchen, marsch, marsch!" Sie fanden Zuflucht in einem überfüllten Luftschutzkeller. Minuten später überflogen Hunderte britische und amerikanische Bomber die Stadt und warfen ihre tödliche Fracht ab. Von draußen drang das Krachen der explodierenden Bomben in den unterirdischen Schutzraum. Der Boden des Bunkers bebte im Takt der Detonationen.

---

[46] Bord Schützen von Sturzkampfflugzeugen konnten mit ihren MGs aufgrund des Platzmangels in der Regel nur in eine Richtung, nach vorne, schießen.

Glücklicherweise stand der Zug nach dem Angriff noch unbeschädigt auf den Schienen. Eine feine Staubschicht bedeckte die Lok und die Waggons. Die Luft war beißend, und wer konnte, hielt sich ein Tuch vor Mund und Nase. In der Straße klaffte ein riesiger Bombentrichter. Ein Zugbegleiter rief: „Aufsitzen, wir müssen hier raus!" Die Dampflokomotive stieß ein Fauchen aus, und kurz darauf setzte sich der Zug in Bewegung, um die brennende Stadt zu verlassen. Als am nächsten Morgen die Sonne aufging, hatte der Zug Dresden bereits weit hinter sich gelassen.

Die Reise führte nun mit geänderter Route über Magdeburg und Kassel weiter nach Westen. In Dortmund wurden sie von einer ausgebombten Stadt empfangen. Wohin man auch blickte – überall lagen Gebäuderuinen und Schutthaufen. Die Innenstadt der Westfalenmetropole, die ein halbes Jahr zuvor von einem schweren Luftangriff getroffen worden war, glich immer noch einem einzigen Trümmerfeld. Betrübt dachte Jupp daran, dass er diese grauenhaften Bilder bereits aus Dresden kannte.

Das Kramen der Kameraden nach ihren Gepäckstücken ließ ihn aufhorchen. Offensichtlich war die Nachricht durch den Zug gegangen, sich bereit zum Aussteigen zu machen. Eine halbe Stunde später rollte der Zug in den Hauptbahnhof von Bochum ein, wo sie den Befehl zum Verlassen der Waggons bekamen. Geordnet verließen sie den Zug und stellten sich in Zweierreihen auf dem Bahnsteig auf. Nach erfolgreichem Zählappell setzte sich die Mannschaft in Bewegung.

66

Schnell ließen sie die Eisenbahnstation hinter sich. In mehreren Reihen marschierten sie im Gleichschritt die menschenleere Straße entlang, Richtung Süden. Der weithin hallende Klang der Stiefel auf dem Kopfsteinpflaster zog keine neugierigen Blicke auf sich. Es fehlte das pulsierende Leben einer Innenstadt. Wie in Dortmund war auch hier kaum ein Gebäude ohne Schäden geblieben. Durchschnittlich war jede fünfte Wohnung nur noch eine unbewohnbare Ruine. Die Angst vor Fliegerbomben war allgegenwärtig, und es war spürbar, dass viele der 300.000 Einwohner die Stadt bereits verlassen hatten.

Nach einer dreiviertel Stunde Marsch durch trostlose Straßen endete die schwer beschädigte Wohnbebauung allmählich. Die Umgebung wurde hügeliger und ländlicher. Kurz darauf erreichten sie ihr Ziel: Stiepel, genauer gesagt Bochum-Stiepel. Das Dorf, das auf einem Höhenrücken direkt an der Ruhr liegt, hatte durch eine Kommunalreform 16 Jahre zuvor seine Selbstständigkeit verloren und war seither ein Ortsteil der Ruhrmetropole. Auf dem höchsten Punkt des ersten Hügels, etwa 40 Meter oberhalb des Flusses, erhob sich die über 900 Jahre alte Dorfkirche. Von hier aus bot sich ein malerischer Blick auf das Ruhrtal und den gegenüberliegenden Höhenzug mit der Burg Blankenstein. Doch die Jugendlichen konnten diesen idyllischen Anblick nicht genießen.

Sie waren in einer Schule untergebracht und sollten in einer nahegelegenen Flakbatterie aushelfen. Die Geschützmannschaften hatten den Auftrag, alliierte Bomber daran zu hindern, gezielte Angriffe auf die Heinrichshütte in Hattingen durchzuführen, wo weiterhin täglich riesige Mengen Stahl produziert wurden. Doch die Besatzungen der Flakstellungen waren bereits vollständig.

Nach den Strapazen der letzten Wochen lagen die Nerven der Jungen blank. Sie hatten ihr Leben riskiert, um hierher zu gelangen, nur um schmerzlich festzustellen, dass sie nicht gebraucht wurden.

Was sie nicht ahnten: Hier in Stiepel, an der Ruhr, sollten sie eigentlich Teil der Hauptkampflinie werden, die aus zahlreichen Flakgeschützen bestand und den Vormarsch der Alliierten ins Ruhrgebiet verhindern sollte. Doch die Alliierten hatten längst einen anderen Plan.

Es brodelte in den Jugendlichen. Der aufgestaute Frust veranlasste sie, ihre Situation genauer zu analysieren. Beim Rekapitulieren der Ereignisse der letzten Wochen und der Erfahrungen der vergangenen Tage kamen sie zu der Überzeugung, dass es an der Zeit sei, den Alptraum zu beenden. Doch wer würde den Mut aufbringen und die richtigen Worte finden, um diesen Vorstoß vorzutragen?

Die Wahl fiel auf Jupp und Fredel. Die Klasse beauftragte die beiden, sich bei der Batterieleitung im Namen aller zu beschweren und die Rückkehr in ihre Heimat einzufordern.
Mit wohlüberlegten Argumenten schilderten Jupp und Fredel dem Batteriechef die bestehenden Missstände. Sie deuteten an, dass sie durchaus Verständnis dafür hätten, wenn er sie unter diesen Umständen nach Hause schicken würde.
Tatsächlich entschied der Batteriechef einige Tage später, die Schüler der Oberschule zurück ins Sudetenland zu schicken. Wer jedoch glaubte, dies sei eine direkte Folge der Beschwerde, wurde eines Besseren belehrt. Die Flakgeschütze wurden nach und nach aus Bochum-Stiepel abgezogen und an anderen, neu zu errichtenden Frontlinien eingesetzt. Dies geschah, nachdem die deutsche Militärführung erkannt hatte, dass die Alliierten ihre Bodentruppen nicht wie erwartet direkt ins Ruhrgebiet lenkten,

sondern weiter nördlich den Rhein überqueren, um so schnell wie möglich ins Weser-Ems-Gebiet vorzudringen.

Die Kampflinie rechts der Ruhr, entlang der Hänge von Bochum-Stiepel, war strategisch bedeutungslos geworden. Die für den Erdkampf geeigneten Flugabwehrkanonen wurden stattdessen dringend im Münsterland benötigt. Daher bot es sich an, im Zuge der Verlegung der Flakgeschütze mit deren Mannschaften die überflüssige Oberschulklasse aus Mährisch-Schönberg in ihre Heimat zurückzuschicken.

Der für die Oberschulklasse ausgestellte Marschbefehl enthielt eine böse Überraschung: Er galt nicht für die Schüler, die aufgemuckt hatten. Mit dieser Entscheidung wollte der Offizier der gesamten Klasse einen deutlichen Denkzettel verpassen – und das gelang ihm nachhaltig. Die Freude über die Aussicht auf eine Rückkehr ins Sudetenland wollte nicht mehr aufkommen, denn der Preis war zu hoch.

Nach über 14 Monaten, in denen die Jungen zu einer echten Schicksalsgemeinschaft zusammengeschweißt worden waren, trennten sich nun ihre Wege. Wut und Enttäuschung standen in ihren Gesichtern. Während Jupp und Fredel mit einem Bochumer Flakgeschütztransport ins nördliche Münsterland fuhren, bestiegen die übrigen Schüler den Zug in ihre Heimat.

Der Appell zum Mittagessen riss Jupp aus seinen trüben Gedanken. Danach hieß es wieder „abhängen" bis zum Abendbrot. Um der Langeweile zu entkommen, gingen Jupp und Fredel in den nahegelegenen Wald, um Feuerholz für den Kanonenofen zu sammeln.

Für die Luftwaffenhelfer waren eigentlich 18 Schulstunden pro Woche vorgesehen, doch nun fand nichts mehr dergleichen statt. Sie durften und sollten auch nicht für den Wachdienst eingeteilt werden, da sie weder eine Schießausbildung noch eine Wachausbildung hatten. Trotzdem tauchten ihre Namen im Wochenplan für die unbeliebten und nicht ganz ungefährlichen Nachtwachen auf. Jupp wusste, dass die Vorgesetzten damit gegen geltende Vorschriften verstießen, doch er schluckte seinen Ärger darüber herunter – schließlich löffelte er immer noch an der Suppe seiner Zwangsversetzung.

Es blieb viel Zeit, sich zu unterhalten. Doch es wurden lediglich Belanglosigkeiten ausgetauscht. Über die wirklich wichtigen Dinge – den Kriegsverlauf und die daraus resultierenden Konsequenzen – sprachen sie nicht. Die Zukunft schien ungewisser als je zuvor. Sollte der Krieg am Ende verloren sein? Über diese Frage schwieg jeder. Überall hingen Plakate mit dem Slogan: „Feind hört mit." Niemand traute dem anderen. Wie gut war es in einer solchen Situation, einen echten Freund an seiner Seite zu wissen, dem man sich anvertrauen konnte, dachte Jupp.

Das tagelange Warten in ständiger Alarmbereitschaft zerrte an den Nerven der Männer. Um der Monotonie zu entkommen, musste ein Filmabend in den Dienstplan aufgenommen werden. Als Vorführraum bot sich die Tenne des Hofs Richter an. Eine Leinwand und ein Filmprojektor wurden aufgebaut. Statt Stuhlreihen lagen Strohballen bereit, die zum Hinsetzen einluden. Es roch zwar streng, aber immerhin strahlten die Vierbeiner eine wohlige Wärme ab, sodass niemand frieren musste.

Abends lief dann im Kuhstall-Kino der Streifen: Spähtrupp Hallgarten[47], ein propagandistischer NS-Film aus dem Jahre 1940/41, der vom Kampf und Einsatz einer Gebirgsjägergruppe handelte.

---

[47] Siehe Zeitzeugenbericht der übrigen Luftwaffenhelfer Quelle: Gemeindearchiv Saerbeck

Tod und Zerstörung hatte das verbrecherische Regime der Nationalsozialisten in die Welt getragen. Der Luftkrieg der Alliierten brachte ab 1942 Tod und Zerstörung nach Deutschland zurück. Doch selbst die Bombardierungen der Städte vermochten Hitlers Diktatur nicht zu vernichten.

Erst der massive Einsatz von Bodentruppen brachte den gewünschten Erfolg. Die deutsche Bevölkerung vom Unrechtsregime zu befreien, bezahlten hunderttausende alliierter Soldaten mit ihrem Leben.

 DER WEHRMACHTSBERICHT MELDET

11. März 1945 „... nach wochenlangem, heldenhaftem Widerstand westwärts des Rheins wurden unsere Truppen befehlsgemäß aus dem Brückenkopf Wesel auf das Ostufer des Stroms zurückgenommen. Seit Beginn der Abwehrschlacht am 8. Februar haben sie der in diesem Abschnitt eingesetzten ersten kanadischen und zweiten englischen Armee schwere, blutige Verluste zugefügt und 706 Panzer vernichtet."

18. - 24. März 1945: Vorbereitungen für den Erdkampf beginnen

Fredel freute sich, als in der Woche vor Palmsonntag Bewegung in den Alltagstrott der Batterie kam. Schaufeln wurden ausgeteilt und alle halfen, die Erdwälle um die Flugabwehrkanonen abzutragen, die bisher die Mannschaft vor Bombensplittern und Tieffliegerbeschuss geschützt hatten. Die Unteroffiziere gaben dazu die Erklärung ab, dass man mit einem Angriff aus horizontaler

Richtung rechnen würde und deuteten an, dass sie sich daher für einen Abwehrkampf rüsten müssten. Dass die Alliierten bereits am Niederrhein standen und sich für die Überquerung des Rheins bei Wesel bereit machten, verriet von offizieller Seite niemand.

Die Munitionslager in der Stellung wurden aufgestockt. Neben den Granaten mit Zeitzündern für den Abschuss von Flugzeugen lagerten nun die Geschosse mit Aufschlagzündern zur Panzerbekämpfung.

Dann teilten die Vorgesetzten der Mannschaft mit, dass die Batterie einige Panzerfäuste zur Verteidigung der Flakstellung zugeteilt bekommen habe. Am Batterierand außerhalb der Geschütze wurde eine Blechwand aufgestellt, die die Seitenwand eines Panzers simulieren sollte. Ein Unteroffizier stellte sich gegenüber der Eisenplatte in entsprechender Entfernung auf und wies alle theoretisch in den Umgang mit einer Panzerfaust ein. Anschließend folgte der praktische Anschauungsunterricht. Ein Soldat machte die Panzerfaust scharf, ging in Stellung, zielte und drückte ab. Zischend verließ das Projektil das Rohr, verfehlte aber sein Ziel. Die Mannschaft lachte nur verhalten, denn der Hauptmann schaute ebenfalls zu und rügte den unglücklichen Panzerfaustschützen. Danach war der Praxisunterricht beendet. Einen zweiten Versuch mit dieser Feuerwaffe gab es nicht mehr.

Jupp machten die Aktivitäten in der Flakstellung nachdenklich.
Nach dem Mittagessen gingen Fredel und Jupp in den nahegelegenen Kiefernbusch, um Brennholz zu holen.
„Das Waldstück ist groß genug, um sich darin zu verlaufen", sagte Jupp und ergänzte nach einer kurzen Pause „oder sich darin zu verstecken, ohne dass jemand dich findet. Natürlich nur so lange, bis alles vorbei ist."
Fredel blieb erschrocken stehen und drehte sich um die eigene Achse. Niemand war in der Nähe. Dann flüsterte er: „Was willst du

damit andeuten? Willst du etwa türmen?" Fredel horchte in den Wald hinein. Nur das Klopfen eines Schwarzspechtes störte die Stille. Jupp nickte. „Die Tommys sind schon am Niederrhein und der Iwan, den wir in Oderwalde schon im Nacken spürten, steht vermutlich mittlerweile vor Berlin", antwortete Jupp „ich will mich kurz vor Toresschluss nicht mehr verheizen lassen. Ich habe schließlich noch Pläne. Ich will nach der Penne auf die Uni, dann einen gut bezahlten Beruf annehmen, ein nettes Mädel heiraten und mit ihr einen Stall voll Kinder hüten!"
Fredel grinste. „Das kannst du aber knicken, wenn dich die Kettenhunde erst einmal vor ein Kriegsgericht zerren", entgegnete er. Schweigend kehrten sie gemeinsam mit gesammelten Kiefernästen unter dem Arm in die Flakstellung zurück.

Am Abend legte sich Fredel auf seine Strohmatte. Er hatte eine Entscheidung getroffen, obwohl sie ihm schwergefallen war. Anders als bei Jupp hatte sein Vater ihm gegenüber nie Kritik am Nazi-Regime geäußert. Bis vor zwei Jahren war er Mitglied im Deutschen Jungvolk (DJ) gewesen und danach in der Hitlerjugend. Treue, Standhaftigkeit und Gehorsamkeit bis in den Tod waren dort zentrale Werte, die man ihnen eingebläut hatte. In Fredels Familie wurden diese Grundsätze nie offen infrage gestellt.

Doch das Gespräch mit Jupp am Nachmittag im Wald hatte etwas in ihm ausgelöst. Es brachte ihn dazu, dieses Gedankengerüst kritisch zu hinterfragen. Denn auch Fredel hatte Zukunftspläne – große sogar. Er träumte davon, eines Tages ein bedeutender Musiker zu werden. Und ihm wurde klar, dass er überleben musste, damit dieser Traum Wirklichkeit werden konnte.

Mit dieser neuen Einsicht griff er schließlich zu Papier und Bleistift, um seinen Eltern einen Feldpostbrief zu schreiben.

Wie gerne hätte er über den Umbau der Flakstellung für einen bevorstehenden Erdkampf berichtet oder über die verzweifelten Versuche gelästert, die Mannschaft an der Panzerfaust auszubilden. Auch hätte er gerne gewusst, was seine Eltern darüber dachten, dass er nach Abwägung aller Risiken sich dazu entschieden hatte, mit Jupp zu verduften, bevor es zu spät war.

All seine Gedanken behielt er jedoch für sich, da er wusste, dass die Feldpost der Zensur unterlag. Stattdessen klagte er lieber über das nasskalte Wetter und berichtete, dass es ihm gesundheitlich gut gehe und schloss seinen Brief mit den gängigen Durchhalteparolen.[48] So war er sich zumindest sicher, dass seine Feldpost die Familie erreichen würde und die Angehörigen somit ein Lebenszeichen von ihm bekämen.

Tatsächlich überschritt die alliierte Armee, begleitet von gewaltigem Artilleriefeuer, sogar schon am 24. März den Rhein östlich von Wesel und Rees.

Begleitet wurde dieser Vorstoß mit der größten Luftlandung der Kriegsgeschichte. Der strahlende Morgenhimmel verwandelte sich in ein Meer von weißen, blauen und grünen seidenen Fallschirmen. Tausende Fallschirmjäger sprangen im Rücken des Westfallenwalls ab und nahmen die deutsche Verteidigungslinie von hinten unter Beschuss.

Und was konnte diese dem Feind entgegensetzen? Wenig. Auf der Verteidigungslinie standen auf 10 Kilometer Frontabschnitt lediglich 150 ausgebildete deutsche Soldaten, acht Abwehrkanonen und fünf Panzer. [49]

Schon drei Tage nach Beginn der Rheinüberquerung war die Hauptkampflinie am Niederrhein komplett überrollt.

---

[48] Der letzte Feldpostbrief ist erhalten geblieben. (Familienarchiv Bickel, Bad Homburg)
[49] Fünf vor Null S. 18

DER WEHRMACHTSBERICHT MELDET

24. März 1945 „... nach schwerer Artillerievorbereitung und starken Einsatz von Schlachtfliegern ist gestern Abend zwischen Rees und Wesel die erwartete Schlacht um den Niederrhein entbrannt.... Auch gestern richtete sich die feindliche Lufttätigkeit über dem Reichsgebiet vorwiegend gegen den frontnahen rheinisch-westfälischen Raum, wo wiederum besonders in mehreren Orten des Ruhrgebiets Personenverluste und schwere Zerstörung in Wohnvierteln entstanden."

Der Vormarsch zur Weser konnte beginnen. Der englische Premierminister Winston Churchill, selbst ein Kriegsveteran aus dem Ersten Weltkrieg, hielt sich in der Nachhut auf und überquerte mit 1,3 Millionen Soldaten den größten deutschen Fluss. Er wies persönlich seinen Oberbefehlshaber Feldmarschall Montgomery an, keine Zeit zu verlieren und zügig weiter in die norddeutsche Tiefebene vorzustoßen, um der Roten Armee bei der Besetzung deutscher Länder möglichst zuvorzukommen.

Unterdessen formierte sich die Verteidigungslinie zwischen Münster und Rheine. Die beiden Städte wurden als Wellenbrecher ausgebaut, wohl wissend, dass sich in ihnen noch Zivilisten, vorwiegend Frauen und Kinder, aufhielten.
Das, was der Westfallenwall nicht vermochte, sollte jetzt im nördlichen Münsterland gelingen. Zumindest waren die topographischen Voraussetzungen mit der Ems, dem Dortmund-Ems-Kanal und dem Höhenzug des Teutoburger Waldes besser als am Niederrhein.

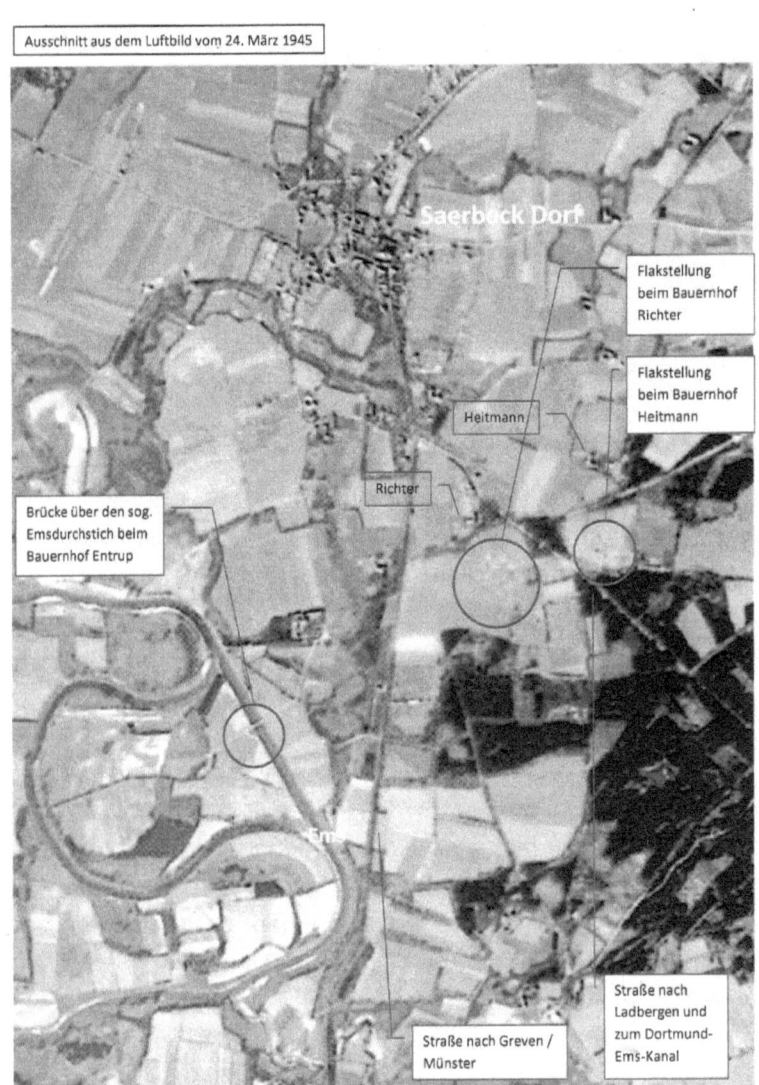

Ausschnitt aus dem Luftbild vom 24. März 1945

Saerbeck Dorf

Flakstellung beim Bauernhof Richter

Flakstellung beim Bauernhof Heitmann

Heitmann

Richter

Brücke über den sog. Emsdurchstich beim Bauernhof Entrup

Straße nach Greven / Münster

Straße nach Ladbergen und zum Dortmund-Ems-Kanal

25. März 1945, Palmsonntag

Der Tag begann herrlich, die Sonne schien, es war so warm wie sonst nur im Mai. Doch von 7 Uhr morgens bis 7 Uhr abends gab es durchgehend Alarm. Aus den Stellungen heraus konnte man noch den letzten großen Luftangriff von britischen Lancaster-Maschinen auf Münster beobachten.

Als am Abend die Sonne blutrot unterging, lag ein dichter Nebel aus Brandrauch und Kalkstaub über der Stadt. Von den stolzen Handelshäusern, viele davon Zeitzeugen des Aufschwungs im 14. Jahrhundert, war nichts mehr übrig. Der Prinzipalmarkt zwischen dem alten Rathaus und der Marktkirche Stankt Lamberti war eine einzige schaurige Trümmerlandschaft.

Die Polizei von Münster notierte dazu als Tagesbericht: „Luftangriff Nr.102 von 10.06 Uhr bis 12.22 Uhr.
1800 Sprengbomben und über 1500 Brandbomben wurden geworfen. Der Rest der Altstadt ist vollends zerstört. Vor allem das Kuhviertel ist eingeebnet. Das Schloss ist jetzt restlos ausgebrannt, Feuer an allen Ecken der Stadt. Wir wissen nicht mehr, wohin. Aus dem ragt der brennende Südturm des Domes heraus... "[50]

Der Angriff war Teil der alliierten Eroberungsstrategie. Die Zerstörung wichtiger Orte aus der Luft sollte den anschließenden Einmarsch vorbereiten. In diesen Märztagen gingen auch die Städte Bocholt, Borken, Dülmen, Dorsten, Stadtlohn, Ahaus und Coesfeld in einem Inferno aus Feuer und Bomben unter. Nun konnten die alliierten Truppen marschieren.

---

[50] Siehe Fünf vor Null, H. Müller, S. 8

DER WEHRMACHTSBERICHT MELDET

26. März 1945 „...In der großen Schlacht am Niederrhein verteidigen unsere Truppen die Tiefe des Hauptkampffeldes und setzen gleichzeitig ihre Angriffe gegen die aus der Luft gelandeten Engländer und Amerikaner fort, die sich gestern weiter verstärkten..... Durch Terrorangriffe britischer Bomberverbände erlitten besonders die Wohnviertel von Hannover, Münster und Osnabrück schwere Schäden."

Nach dem schnellen Fall des Westfalenwalls rückten die alliierten Truppen zügiger vor, als viele deutsche Soldaten erwartet hatten.

Ab Dienstag, dem 27. März, begann der vollständige Rückzug der Wehrmacht aus dem niederrheinischen Gebiet. Der Strom der Militärkolonnen, die alle in Richtung Weser drängten, schien endlos. Material und Mannschaft befanden sich in einem erbarmungswürdigen Zustand. Auf ihrer Flucht zogen viele erschöpfte Soldaten auch durch Saerbeck. Dankbar nahmen sie die kleinen Gesten der Dorfbewohner an, die ihnen beim Vorbeimarsch ein Butterbrot zusteckten.

 DER WEHRMACHTSBERICHT MELDET

27. März 1945 „... Dank des harten Widerstandes unserer Fallschirmjäger und Panzergrenadiere am Niederrhein konnten die angreifenden Engländer trotz ihrer Luftlandungen und starken Einsatzes von Menschen und Material die Bahnlinie Emmerich–Wesel bisher nur geringfügig überschreiten. Nur im Raum nördlich und nordöstlich von Wesel ist dem Feind die Bildung eines tiefen Brückenkopfes gelungen. Doch wurden auch hier seine Durchbruchversuche vereitelt."

29. März 1945, Gründonnerstag

Die Hauptkampflinie Münster-Rheine begann sich zu formieren, und die erdkampftauglichen Flugabwehrkanonen wurden innerhalb der entstehenden Frontlinie verteilt.

In der Nacht zum Gründonnerstag wurden vier der acht Geschütze vom Acker beim Hof Heitmann mit ihren Bedienmannschaften zunächst nach Münster-Gievenbeck verlegt. Diese Geschütze kamen anschließend an der Nienberger Chaussee am Haus Uhlenkotten[51] in einer provisorischen Erdkampfstellung des Reichsarbeitsdienstes (RAD) als Wellenbrecher zum Einsatz.

Die anderen vier Geschütze der Berliner Flakbatterie sollten vor dem Dorf, hinter einer Anhöhe bei Bauer Selig, den Feind abwehren. Da jedoch kein Zugfahrzeug mehr verfügbar war – selbst das Feuerwehrauto war bereits von den deutschen Truppen beschlagnahmt worden – mussten die Bauern Richter und Nottmeier mit ihren Pferden einspringen. Nach längerer Überzeugungsarbeit wurden die Tiere schließlich eingespannt.

Als die Sonne bereits hoch am Himmel stand, setzte sich der Transportzug, begleitet von Soldaten und Luftwaffenhelfern, darunter auch Jupp und Fredel, in Richtung der Bauerschaft Sinningen in Bewegung.
Während sie durch das Dorf zogen, bemerkten die Jungen, dass auch die Bevölkerung sich auf die Verteidigung vorbereitete. Greise und Kinder, mit Schaufeln in den Händen, wurden von Ortsgruppenleiter und Volkssturmführer angeleitet, Schützen-gräben vor dem Friedhof und am Steinkreuz auszuheben.

---

[51] Nähe Autobahnkreuz Münster-Nord, Möbelhaus Höffner (ehemals Finke)

79

Gleichzeitig wurde den 10- bis 14jährigen Schülern und Schülerinnen dort gezeigt, wie man mit einer Panzerfaust kämpft. Das löste bei der Bevölkerung schieres Entsetzen aus. Die ansässigen Ordensschwestern brachten es auf den Punkt: „Das war das Allerletzte."[52]

Für Jupp und Fredel zog sich der zweistündige Marsch wie eine halbe Ewigkeit hin. In ständiger Angst beobachteten sie den Himmel, doch der befürchtete Tieffliegerbeschuss blieb glücklicherweise aus. Ziel war der Hof Selig in der Bauerschaft Sinningen, wo die Flak-Geschütze hinter einer leichten Anhöhe in Stellung gebracht werden sollten. Dort angekommen, lenkten die Bauern ihre Pferde in einen Hohlweg, um die Kanonen in Position zu bringen. Anschließend lösten sie die Ketten von den Geschützlafetten und trieben ihre Tiere eilig weiter, dass es nur so staubte. Sie wollten nur eines: Abstand zur Gefahrenzone, denn die Frontgeräusche aus Richtung Emsdetten waren bereits deutlich zu hören. Jupp schaute ihnen neidisch hinterher – auch er hätte sich gerne aus dem Staub gemacht.

 DER WEHRMACHTSBERICHT MELDET

29. März 1945 „... am Niederrhein ist es den Engländern und Amerikanern erst nach sechstägigen blutigen Anstrengungen und nach verlustreichem Einsatz von zwei Luftlandedivisionen im Rücken unserer Front gelungen, ihren Brückenkopf bei Bocholt-Borken und Dorsten zu erweitern und in Hamborn einzudringen Die schweren Kämpfe gegen den Feind, der seine Angriffe an der gesamten Front von Emmerich bis zur Unteren Ruhr fortsetzt, dauern an.

---

[52] siehe Chronik der Heiligenstädter Schwestern

80

30. März 1945, Karfreitag

Am Karfreitag erreichte Generalfeldmarschall Montgomery die Stadt Coesfeld, um mit seinen Generälen Kriegsrat zu halten. Sie entschieden, Münster zunächst zu umgehen, da vor der Stadt viele Kanonen zu ihrer Verteidigung zusammengezogen worden waren. So wich das 3. Royal Tank Regiment (3. RTR) der Westfalenmetropole aus, um weiter in Richtung Norden vorzustoßen. Ziel war der Emsübertritt an den Emsbrücken zwischen Mesum und Elte sowie zwischen Emsdetten und Saerbeck.

 DER WEHRMACHTSBERICHT MELDET

30. März 1945 „... Am Niederrhein verhinderten unsere Truppen im Abschnitt von Emmerich feindliche Umfassungsversuche und die Ausweitung des Rheinbrückenkopfes nach Westen unter Abschuss von zahlreichen Panzern. Östlich der Straße Borken-Dorsten gelang es dem Gegner, seinen Angriffskeil bis Stadtlohn und über Dülmen vorzutreiben."

***

In Saerbeck herrschte an diesem Tag hektisches Treiben, wo man auch hinsah. In gegenseitiger Hilfe waren alle Bauern bemüht, Kühe und Schweine weit ab vom Hof auf Wiesen zu treiben, um bei einer Brandschatzung nicht auch das Vieh zu verlieren. Manch

Landwirt, der seine Pflanzkartoffeln noch nicht gesetzt hatte, holte zudem die anstehende Feldarbeit schleunigst nach.[53]

Auch im Rathaus herrschte aufgeregte Emsigkeit. Als sensibel eingestufte Akten wurden dort vernichtet, indem die Angestellten sie in den Kaminöfen der Büros verbrannten.

Foto: Haus Höveldop, die Saerbecker Amtsstube von 1893-1960

In den Privathäusern wurden wichtige Papiere und teure Gegenstände versteckt, Fahnen/ Banner mit Hakenkreuz-Symbolen vernichtet und Dechant Beuing ließ die Kirchenschätze gut getarnt in Hohlräume des Gotteshauses einmauern.[54]

---

[53] Mündlich überliefert von Karl Feldmann: Vater hat uns angewiesen, noch schnell die Pflanzkartoffeln zu setzen, damit sie beim Einmarsch nicht in die Hände der Alliierten fallen konnten

[54] Mündlich überliefert von Josef Beermann, dessen Vater den Auftrag von Dechant Beuing bekam, die Kirchenschätze in der Kirche einzumauern.

Das Foto entstand während der Zeit der NS-Diktatur

Wie in den Tagen zuvor strömten auch jetzt noch auf der Flucht befindliche deutsche Soldaten durch den Ort. Morgens fühlten sie sich im Dorf noch sicher; nachmittags überprüften sie schon wieder ihre Ausrüstung. Und bereits abends hatten sie ihre Bleibe endgültig in Richtung Osten verlassen.

An diesem besonderen Karfreitag gingen die mehrheitlich katholischen Dorfbewohner nachmittags nicht nur zur Kirche, um an Leiden und Tod Christi zu erinnern. Sie bereiteten sich darüber hinaus mit einer heiligen Messe und anschließender Generalabsolution auf das Kriegsende und die herannahende, unbekannte Zukunft vor. Sie rechneten mit dem Schlimmsten. Niemand wusste, ob er die kommenden Tage noch überleben würde. Man hatte in der dramatischen Lage das Bedürfnis, mit Gott im Reinen zu sein.

***

Für das Aufteilen der noch verbliebenen Flakstellung Richter brauchte man zusätzliches Personal. Oberleutnant Wendt saß schon auf heißen Kohlen. Er hatte einen dringlichen Auftrag zur Verlegung von zwei Flakgeschützen erhalten, konnte aber die Flakstellung Richter nicht ohne Führung zurücklassen. Endlich gegen Abend traf die angeforderte Verstärkung, ebenfalls eine Flakkompanie aus Bochum, ein. Die zusätzliche Mannschaft war am Nachmittag am Bahnhof Greven angekommen und hatte sich von dort aus sofort zu Fuß nach Saerbeck aufgemacht, wo sie noch vor dem Dunkelwerden eintraf.

Der leitende Offizier dieser Einheit, ein greiser Major, entschied, dass seine Leute sich am südlichen Rand der Stellung Richter in vorhandenen Schützengräben einrichten sollten. Er selbst nahm Quartier in einer Offiziersbaracke am Wasenplatz.

Nachdem Oberleutnant Wendt[55] dem Major die Verantwortung der Flakstellung Richter übertragen hatte, machte er sich mit zwei Geschützmannschaften und ihren Kanonen sofort auf den Weg zu

---

[55] Wie gut beide Offiziere sich kannten, ist unklar. Vermutlich begegneten sie sich zuvor in Bochum-Stiepel, wo beide stationiert waren.

seinem neuen Einsatzort. Wendt erreichte mit zwei Unteroffizieren, drei Flaksoldaten und 14 Luftwaffenhelfern sowie den beiden Geschützen noch rechtzeitig am Karsamstag Bevergern, bevor der Feind dort eintraf.

***

Am Abend gegen 18 Uhr sperrten deutsche Soldaten in Sinningen die Straße nach Emsdetten ab. Kurze Zeit später sorgte ein Sprengkommando dafür, dass die Brücke in die Luft flog. Mit der Zerstörung des Bauwerks riss auch das Starkstromkabel durch, das Saerbeck mit Elektrizität versorgt hatte. Die Stromversorgung des Ortes brach für die nächsten Wochen zusammen.[56]

***

In der Nacht wurde gegen 23 Uhr das ganze Dorf durch schwere Detonationen aufgeschreckt. Aus südlicher Richtung stieg in kurzen Abständen ein für einige Sekunden andauernder Feuerschein auf, dem anschließend jedes Mal eine gewaltige Detonation folgte, die die Häuser erbeben ließ.

Das gespenstische Feuerwerk kam aus der zehn Kilometer entfernt gelegenen Gronenburg in Greven, einem Waldstück, in dem die Sachsen schon vor über 1000 Jahren eine Burg errichtet hatten. Dort befand sich ein gut getarntes riesiges deutsches Munitionsdepot. Als die Alliierten gegen 21 Uhr in Greven das linke Emsufer und somit auch den Grevener Bahnhof erreichten, begannen die deutschen Soldaten, die sich nun bereits hinter der Frontlinie auf der Seite der Alliierten befanden, mit der Vorbereitung zur Sprengung des Waffenarsenals. 90 Minuten später starteten sie die in Etappen angelegte kontrollierte Sprengung. Nicht auszudenken, was passiert wäre, wenn dieses gigantische Pulverfass auf einmal explodiert wäre.[57]

---

[56] Zeugenbericht Büchter von 1985
[57] Tagebuch des Friedrich Saatkamp S. 349

31. März 1945, Karsamstag

Am Karsamstag gegen 7:30 Uhr durchbrachen die Alliierten die militärische Sperrlinie Saerbeck-Rheine durch den erfolgreichen Emsübertritt bei Emsdetten. Auf der östlichen Seite der Ems geriet der Brückenkopf[58] jedoch unter schweres Granatfeuer aus der Flakstellung beim Bauernhof Selig in Sinningen, die der Hauptmann von Obentraut befehligte. Die Beschießung erreichte, dass sich die britische Infanterie mehr auf den Emsübertritt bei Elte konzentrierte.

Vor den Augen der Alliierten sprengte gegen 9 Uhr in Elte eine kleine deutsche Einheit die dortige Emsbrücke, um danach die Flucht zu ergreifen. Die Verteidigungsstellungen an der Brücke blieben leer. Die Chance nutzend, fingen englische Pioniere sofort an, dort ungestört ersatzweise eine eiserne Behelfsbrücke zu errichten.

 DER WEHRMACHTSBERICHT MELDET

31. März 1945,, ... Am Niederrhein traf der Feind, der mit starken Kräften aus der Linie Stadtlohn- Coesfeld-Dülmen und südlich davon nach Nordosten und Osten stieß, auf Gegenangriffe unserer Verbände."

***

Unterdessen bereitete Hauptmann von Obentraut die Flakmannschaft auf ihr letztes Gefecht vor. Alkohol wurde an die Soldaten ausgeschenkt, um sich Mut anzutrinken. Zum Entsetzen

---

[58] Höhe Gaststätte Molkenbuer

86

des Batteriechefs gelangten auch etliche Flaschen Schnaps in die Hände der 15- und 16-Jährigen, wo sie auf keinen Fall hinsollten.

Nach dem Frühstück ließ der Hauptmann alle Luftwaffenhelfer antreten, die in der Batterie nicht zwingend benötigt wurden. Er erklärte, dass er in dieser gefährlichen Lage die Verantwortung für sie nicht länger tragen könne und schickte sie daher zurück in die ursprüngliche Flakstellung.
Zum Abschied gab er ihnen eindringlich mit auf den Weg, kein falsches Heldentum zu zeigen und sich bei möglicher Feindberührung sofort zu ergeben.

In ausgelassener Stimmung und beschwipst machten sich die Luftwaffenhelfer auf den Rückweg ins Dorf. Sie waren kaum losgelaufen, als sie aus nordöstlicher Richtung mehrere Detonationen hörten. Die Radarstation „Rheinsalm" wurde gesprengt, da sie nicht verteidigt werden konnte. Anschließend flüchteten die dort stationierten Soldaten ebenfalls in Richtung Osten. Franz und Kuddel, die sich zu diesem Zeitpunkt in der Radarstation befanden, schnürten jetzt ebenfalls ihre Ausrüstung, Die Gelegenheit, auf die Franz immer gehofft hatte, bot sich ihnen genau jetzt. Und sie griff zu. Im Chaos beim Abmarsch gelang es den beiden Offiziersanwärtern, sich von der Truppe unbehelligt abzusetzen und sich in Nordhues Heide zu verstecken. Ursels Plan war tatsächlich aufgegangen.

***

Die Straße, auf der die Flakhelfer zurück ins Dorf marschierten, gehörte ihnen nunmehr alleine. Der rege Verkehr von deutschen Militärfahrzeugen der letzten Tage, der sich in Richtung Osten wälzte, war mittlerweile verebbt. Jupp und Fredel ließen sich in ihrer Gruppe zurückfallen. Sie waren schon über 2 km marschiert, als links eine mit Obstbäumen gesäumte längere Einfahrt zu einem

Gehöft auftauchte[59]. Jupp schaute zu Fredel hinüber. Der verstand sofort, was Jupp vorhatte. Die Gelegenheit schien gekommen. Sie scherten aus der Gruppe aus und gingen bewusst langsam auf den Bauernhof in der Hoffnung zu, sich dort verstecken zu können. Schnell vergrößerte sich der Abstand zu den anderen. Niemand hatte bemerkt, dass sie fehlten. Sie atmeten auf.

Doch ausgerechnet jetzt patrouillierten Feldjäger die Emsdettener Straße. Mit geschulten Augen erfassten sie die Situation. Ihr Fahrzeug wurde langsamer, um dann forsch in die Hofeinfahrt abzubiegen, auf der sich die beiden Flakhelfer befanden.

Die Jungs hörten das schnell näherkommende Geräusch des Boxermotors des deutschen Militärkrads. Jupp zischte: „Kettenhunde kommen!" Ihre Knie wurden weich. Schon überholte sie das Motorradgespann, um dann quer auf der Hofeinfahrt zum Stehen zu kommen. Die Jungen grüßten vorschriftsmäßig und warteten in Habachtstellung.

„Heil Hitler, Luftwaffenhelfer! Warum seid ihr nicht bei eurer Truppe geblieben?" bellte es aus dem Beiwagen.

„Melde gehorsam, dass wir nur etwas Wasser trinken wollten", erwiderte Jupp mit fester Stimme und zeigte auf den Brunnen vor dem Bauernhaus. „Zurück, Marsch, Marsch auf die Straße! Was zu trinken könnt ihr gemeinsam im nächsten Dorf organisieren", befahl der Militärpolizist. Dann fügte er mit schneidendem Ton hinzu: „Auch ihr Flakhelfer untersteht dem Kriegsrecht, und das kennt für ‚Feigheit vor dem Feind' nur eine Strafe, den Tod. Falls wir euch noch einmal erwischen, sucht euch schon mal den Baum aus, an dem wir euch aufknüpfen. Einen Strick haben wir immer dabei."

Bleich im Gesicht nickend, schlugen sie ihre Absätze zusammen, streckten jeweils ihren rechten Arm nach vorne und machten dann

---

[59] Hof Linderskamp

88

kehrt. Mit schlechtem Gewissen und der Angst im Hinterkopf, nun wegen Fahnenflucht bestraft oder gar gehängt zu werden, liefen sie zu ihrer Gruppe zurück. Die Feldjäger schauten ihnen einige Minuten nach, um dann selbst ihre Fahrt fortzusetzen.

Schnell hatten Jupp und Fredel wieder zu den anderen aufgeschlossen. Im Ort angekommen sahen sie weiße Tücher, die aus den Fenstern der Häuser flatterten, aber nur menschenleere Gassen.

Die weißen Fahnen hingen dort schon seit dem Morgen. Den Anfang hatte eine junge Frau gemacht, die auf eigene Faust in den Kirchturm gestiegen war, um aus einem Turmfenster heraus das Zeichen der Kapitulation zu hissen. Die mutige Tat machte schnell Schule: Schon bald sah man überall weiße Bettlaken, die die Frauen herausgehängt hatten. Es war nach 12 Jahren Diktatur der erste offene Widerstand gegen ein verhasstes Regime, das Leid, Elend und Not in jede Familie gebracht hatte.

Als die uniformierten Jugendlichen die Marktstraße erreichten, sprang plötzlich einer von ihnen in den Seiteneingang des herrschaftlichen Hauses der Familie Boner und verschwand. Wolfgang hatte sich schon im Januar bei ihrer Ankunft im Dorf mit den beiden Mädchen des Hauses angefreundet und deren Eltern waren bereit, dem Luftwaffenhelfer Unterschlupf zu gewähren. Man wies ihm eine Ecke auf dem Dachboden zu. Alkohol und Müdigkeit ließen ihn sofort einschlafen.

Unterdessen marschierten Fredel, Jupp, Lutz und die übrigen Jungs weiter durch das Dorf und passierten dabei das Schwesternhaus. Spontan luden die Ordensfrauen die Jugendlichen zu einer Rast ein. Die Nonnen bereiteten den Flakhelfern, die ja fast noch Kinder waren, ein ordentliches Mittagessen, das für einige von ihnen das letzte ihres jungen Lebens sein sollte.

***

Foto: Das Schwesternhaus / Grevener Str. aus den 1930er Jahren

Während die Jungen zu Tisch saßen, knatterte ein deutsches Wehrmachtsmotorrad durchs Dorf. Im Beiwagen des Krads saß Oberstleutnant Sittig, der sich mühte, seinen Abschnitt der militärischen Frontlinie in Funktion zu halten. Der Anblick der weißen Fahnen machte ihn wütend. Bereits in der Offiziersmesse in Barth hatte man ihn scherzhaft vor dem schwarzen Münsterland gewarnt. Nun hatte er es genau mit so einem Nest zu tun, dachte er, welches sich wohl nie mit der Bewegung seines geliebten Führers innerlich identifiziert hatte und sich nun erdreistete, sich dem herannahenden Feind ergeben zu wollen. Er musste dem Ort klarmachen, dass das Dorf Teil der Hauptkampflinie war, in der er die Befehlsgewalt hatte, auch über die dort lebenden Zivilisten.

Und er hatte nicht vor, seine Front aufzugeben. Daher mussten die Fahnen wieder verschwinden. Alles andere wäre völkerrechtlich gesehen eine Täuschung, für die er vor dem Kriegsgericht landen würde.

Foto: Blick über den Kirchplatz zum Rathaus/ Amtshaus

Sittig wies den Fahrer an, die Gemeindeverwaltung anzusteuern, die sich am Rande des Kirchplatzes befand. Aufgebracht stürmte er die Amtsstube und drohte dem eingeschüchterten Bürgermeister, ihn zu erschießen und die Häuser und Höfe in Schutt und Asche zu legen, wenn er nach seiner Rückkehr aus Emsdetten noch weiße Fahnen sehen würde. Dann wandte er sich der Kaplanei zu, die sich nur einen Steinwurf weit vom Rathaus entfernt befand. Er sprang die drei Treppenstufen empor, dann schlug er mit geballter Faust mehrfach gegen die hölzerne Tür der Wohnung des Geistlichen.

Ein stämmiger, weißhaariger Mann mit Nickelbrille im schwarzen Talar öffnete. Feindselig standen zwei Männer sich gegenüber.

Beide hatten im Ersten Weltkrieg als Soldaten gekämpft und waren davon geprägt. Doch ihre Lebenswege konnten nicht unterschiedlicher sein. Der eine hatte sich nach den schrecklichen Erlebnissen in den Schützengräben von Verdun kompromisslos dem christlichen Glauben verschrieben, um den Menschen über die Liebe Gottes den Frieden nahe zu bringen. Der andere hatte als junger Offizier das Kriegsende 1918 als persönliche Niederlage empfunden. Er glaubte an die Dolchstoßlegende und versuchte jetzt als Oberstleutnant noch in aussichtsloser Lage eine weitere Niederlage unter allen Umständen zu verhindern. Auch dem Kaplan setzte er ein Ultimatum und drohte, den Kirchturm beschießen zu lassen, wenn er auf dem Rückweg aus dem Nachbarort noch einen weißen Zipfel am Gotteshaus flattern sehen könnte.

Danach brauste er im Motorradgespann davon, um die Hauptkampflinie weiter zu inspizieren.

Foto: v.l. Haus Maimann, die Kaplanei (1930er Jahre)

92

Aufnahme von 1938 zeigt Dechant Beuing (links) zusammen mit Kaplan Wörmann (rechts) auf der Grevener Straße. Im Hintergrund Haus Tebbe und Schmiede Iking

Der Kaplan war nun voller Sorge. Er wusste, dass der Oberstleutnant den Ort einäschern und dabei das Leben seiner

Gemeindemitglieder nicht schonen würde, falls dessen Forderung nicht unverzüglich umgesetzt werden konnte. Das Bild von total verwüsteten französischen Dörfern, in denen nach der Zerstörung kein Leben mehr möglich war, vor Augen, trieb ihn an, zum Äußersten zu gehen. Es blieb im ungünstigsten Fall nur eine halbe Stunde Zeit. Er sah nur einen Ausweg.

Der Geistliche wandte sich an den 11 jährigen Jungen aus der direkten Nachbarschaft, der gerade auf dem Kirchplatz spielte, mit den Worten: „Alfred, dein Bruder Heinrich ist doch gerade auf Fronturlaub zu Hause. Frag ihn bitte, ob er mir seine Dienstwaffe leihen kann. Ich brauche sie, um Schlimmeres zu verhindern, wenn der Herr Oberstleutnant von Emsdetten zurückkommt." Bereit, den Oberstleutnant zu erschießen, warteten der Kaplan und Heinrich auf der Marktstraße in Höhe der Gaststätte Unkel/Hagemann mit durchgeladener Waffe auf die Rückkehr des Offiziers. Bange Minuten vergingen.

Unterdessen fuhr das Gespann in Richtung Emsdetten. Das Motorrad nahm Fahrt auf. Schnell hatten sie das Dorf hinter sich gelassen. Vorbei an Wiesen, Wallhecken und frisch bestellten Äckern erreichten sie bald die Bauerschaft Middendorf.
Schon das erste Gehöft auf der linken Seite bot wieder Grund zum Eingreifen. Das Militärkrad verließ die Hauptstraße. Der Fahrer steuerte das Gefährt vor die Tennentür des auffälligen Bauernhofes. Aufgebracht sprang Sittig aus dem Beiwagen und drohte dem Landwirt und seiner Familie mit Niederbrennung der gesamten Hofanlage, falls die weiße Fahne am Hausgiebel nicht wieder abgenommen würde.

Sodann fuhr Sittig zur neuen Flakstellung nach Sinningen. Dort ließ er sich die Gefechtslage erklären. Hauptmann von Obentraut berichtete, dass sie versucht hätten, durch Abfeuern von

Artilleriebeschüssen das Ostufer der Ems zu halten. Den Alliierten wäre es jedoch gelungen, einen Brückenkopf zu errichten. Daraufhin hätte sie den Brückenkopf unter schwerem Beschuss genommen, sodass bisher noch kein Vormarsch von alliierten Truppen beobachtet worden wäre. Trotzdem habe er vorsorglich alle entbehrlichen Flakhelfer zurückgeschickt, um unnötiges Blutvergießen zu verhindern.

Äußerlich ungerührt nahm Sittig den Bericht zu Kenntnis. Dann wandte er sich zu seinem Krad. Das Motorrad verließ die Flakstellung, Sittig und sein Fahrer fuhren jedoch nicht ins Dorf zurück, sondern weiter in Richtung Westen, mitten in die Hauptkampfzone hinein.

Bauer Sahlmann Boer berichtet später kopfschüttelnd, dass er das Motorrad mit dem Oberstleutnant im Beiwagen von seinem Hof aus beobachtet hatte, wie es sich langsam von der Sinninger Mühle kommend der Emsbrücke näherte. Der Oberstleutnant habe dabei unverständlicherweise im Beiwagen aufrecht gestanden und mit Hilfe eines Fernglases das vor ihm liegende Gelände beobachtet.

Als sich das Gespann in Höhe Abzweig Elte befand, fielen die ersten Schüsse. Scharfschützen, die den Brückenkopf absicherten, hatten den Oberstleutnant, ins Fadenkreuz genommen. Auch der Fahrer wurde getroffen. Beide waren sofort tot.[60] Das Fahrzeug landete mit den Getöteten im Straßengraben.

So blieben die weißen Tücher in Saerbeck draußen und der Kirchturm unbeschädigt. Der Ortsgruppenleiter akzeptierte die Entscheidung der Dorfbewohner. Er verzichtete darauf, seinen Volkssturm antreten zu lassen, um den Ort zu verteidigen. Er kannte die Saerbecker nur zu gut. Er wusste, dass seinem Aufruf kaum mehr jemand gefolgt wäre.

---

[60] Mündlich 2019 überliefert von Ewald Sahlmann / Dorfbauerschaft

***

Nachmittags erreichten die frisch gestärkten Jugendlichen die Batterie Richter. Dabei platzten die Rückkehrer in eine Dienstbesprechung hinein. Ein für sie unbekannter Major führte das Kommando. Dieser unterrichtete die versammelte Mannschaft darüber, dass der Befehl von seinem Vorgänger, die Stellung aufzugeben, hiermit zurückgezogen sei.

„Die Stellung muss gehalten werden. Das ist mein Auftrag. Dafür sind wir gekommen", erklärte er seinen verdutzten Zuhörern. Der Major ordnete an, die Geschütze wieder brauchbar zu machen.

Am Ende der Besprechung schlug der neue Batteriechef mit seiner Hand auf die Ledertasche seiner Dienstpistole, dass es nur so klatschte. Alle Anwesenden horchten auf. Nachdem er die volle Aufmerksamkeit wieder auf sich gezogen hatte, drohte er: „Kameraden, wer es wagt, einen weißen Zipfel zu zeigen, wenn die Tommys kommen, wird erschossen." Betroffenheit machte sich unter der Mannschaft breit.

Die Entscheidung des Majors, die Stellung zu halten, veranlasste den Spieß der Berliner Flakbatterie, einen erfahrenen Hauptfeldwebel, die noch verbleibende Zeit zu nutzen, um mit einem Panjewagen, Essensvorräten und etwa 50 Mann die Gefahrenzone in Richtung Osten zu verlassen. Die Marschbefehle hatte sich der erfahrene Soldat dazu selbst ausgestellt.

Dem Treck nach Osten schlossen sich auch Lutz und viele andere soeben zurückgekehrte Luftwaffenhelfer an. Da der Marschbefehl nur für die Flakbatterie der Berliner Mannschaft ausgestellt war, konnten sich Jupp und Fredel dem Tross nicht anschließen.

***

Durch die Abkommandierung von Feldwebel Wendt in Richtung Teutoburger Wald verfügte der Major jetzt über völlige Handlungsfreiheit. Niemand war mehr in der Flakbatterie, der seinen Anordnungen hätte widersprechen können. So gab er nun den Befehl heraus: Halten um jeden Preis, Fahnenflucht wird mit dem Tode bestraft.

Die Geschütze konnten wieder funktionsfähig gemacht werden, denn die Verschlüsse waren nicht gesprengt, sondern nur vergraben worden. Die Richtschützen stellten für ihre Kanonen die Koordinaten der Emsbrücke von Emsdetten ein. Anschließend feuerten die Geschütze. Alle zwei Stunden bis zum Morgen schossen wechselnde Bedienungen in Richtung Westen. Dabei ereignete sich ein Zwischenfall mit tödlichem Ausgang. Als ein Projektil das Geschützrohr verließ, streifte es einen Baum und explodierte. Umherfliegende Splitter trafen Harry, einen Berliner Luftwaffenhelfer, der in seinem Feldbett schlief, tödlich.

***

Da der Emsübergang zwischen Sinningen und Emsdetten weiter unter Beschuss lag, konzentrierten sich die Alliierten auf den Emsübertritt weiter flussabwärts in Höhe von Mesum.

Am späten Nachmittag gegen 17 Uhr fuhren die ersten gepanzerten Kettenfahrzeuge dröhnend über die Ems nach Elte hinein. Unablässig rollten danach Panzer, schwere Artillerie, LKWs und Jeeps des 3. Royal Tank Regiments (RTR) der 7. britischen Panzerdivision durch den Ort. In Höhe der Kirche zweigten die meisten rechts ab in Richtung Riesenbeck und Saerbeck.

Ein Teil der Kolonne bog jedoch auch nach links in Richtung Rheine/Gellendorf ab. Diese alliierten Truppen waren es, die überraschend für die deutschen Soldaten in deren Hauptverteidigungslinie auftauchten und den Widerstand in Rheine brachen.

Nächstes Ziel des 3. Royal Tank Regiments (RTR) war die Überquerung des Dortmund-Ems-Kanals bei Riesenbeck.

Während die deutsche Führung eher im Chaos versank, behielten in diesem Bewegungskrieg die Alliierten stets den Überblick. Beobachtungsflugzeuge, Krähen genannt, flogen über deren

Panzerspitzen und meldeten über Funk Ort, Art und Größe der deutschen Abwehrstellungen.

Das Funknetz reichte bis in die Infanteriekompanien (Soldaten zu Fuß) hinein. Das ermöglichte den Kommandeuren eine frühe Einschätzung der Lage. So war ihnen klar, dass die Überschreitung des Dortmund-Ems-Kanals bei Riesenbeck und die anschließende Überwindung des Teuto-Höhenzuges nicht einfach werden würden. Folglich kam das gesamte 4. Bataillon der leichten King`s Sharpshire Infanterie (KSLI), eine motorisierte britische Infanterie, die immer Hand in Hand mit Teilen der 3.RTR operierte, zum Einsatz.

Ein anderer Teil der 3. RTR sollte in Richtung Saerbeck vorstoßen. Da sie bereits von der am Hof Richter stationierten Flak-Abwehr an der Ems unter Beschuss geraten waren, forderten auch sie Infanterieunterstützung an.

Daher wartete dieser Teil der 3. RTR noch mit dem Vormarsch, bis Hilfe durch kanadische und polnische Infanterie eintraf.

Gegen 18 Uhr erreichten die ersten britischen Spähpanzer über den Elter Damm die Bauerschaft Middendorf in Saerbeck. Sie schossen am Karl-Feldkamp-Weg in die Hecken, um zu sehen, ob das Dorf Saerbeck von einer Verteidigungslinie umgeben war. Glücklicherweise saß der Volkssturm zuhause und nicht in den ausgehobenen Schützengräben. Als keine Reaktion erfolgte, kehrten die Panzer auf demselben Weg wieder um, auf dem sie gekommen waren. [61]

***

Unterdessen wurden in der Flakstellung Richter auch an diesem Abend die Wachen eingeteilt und eine Parole ausgegeben, um in der Dunkelheit Freund von Feind unterscheiden zu können. Die

---

[61] Augenzeuge Antonius Gerdemann, Vater von Dr. Anton Gerdemann

Wache von 2 Uhr bis 4 Uhr fiel auf Jupp. Er ging daher rechtzeitig zu Bett. Während er sich noch für die Nachtwache ausruhte, überschritt die britische Truppe bereits den Dortmund-Ems-Kanal im Nachbarort Birgte.

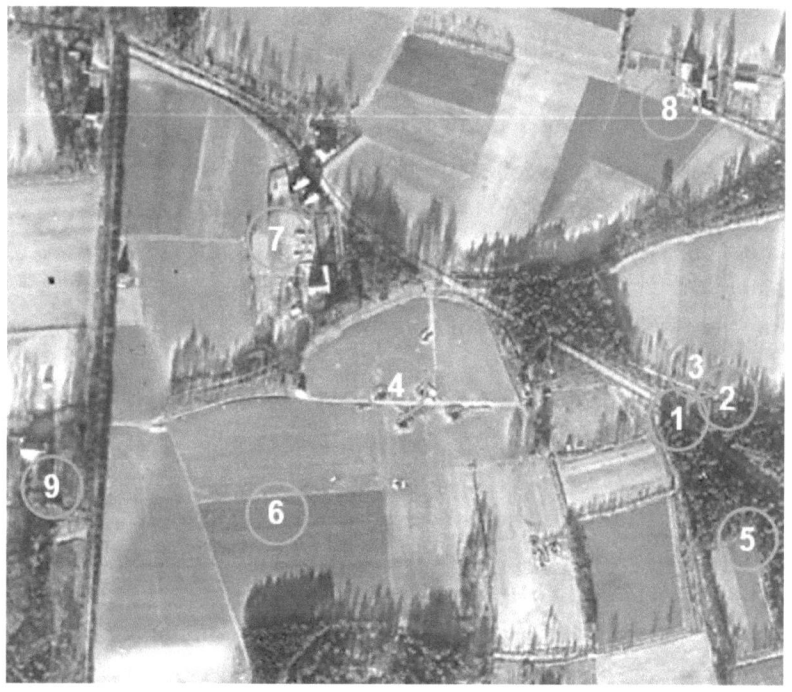

Luftaufnahme vom 25.12.1944   Quelle: GAS

1 Vermittlung   6. Schützengräben
2 Küche   7 Hof Richter
3 Unterkünfte   8 Hof Heitmann
4 Geschütze   9 Hof Nordhues
5 Funk-Messstelle

99

01. April 1945, Ostersonntag

Früh am Ostersonntag löste Jupp pünktlich seinen Vorgänger ab, der ihm beim Wachwechsel auch ein geladenes Gewehr übergab. Jupp postierte sich am Batterieeingang an der Straße neben einer kleinen Marienkapelle. Der bedeckte Himmel sorgte für totale Dunkelheit, obwohl noch vor einigen Tagen Vollmond gewesen war.

Die Finsternis war so groß, dass man die Hand kaum vor Augen sehen konnte. In der Batterie hinter ihm herrschte jetzt Nachtruhe, nichts rührte sich.

Auch von dem Dorf war nichts zu sehen. Er lehnte sich an einen Baum und lauschte in die Nacht hinein. Nur das dumpfe Grollen der herannahenden Front drang an seine Ohren. Um nicht einzuschlafen, blickte er in Gedanken in die Vergangenheit. Er erinnerte sich an Bekannte und Verwandte und fragte sich, wie es ihnen wohl inzwischen ergangen war. Die letzte Nachricht von Zuhause war schon drei Monate alt. Er ahnte nicht, dass er seit drei Tagen Halbwaise war. Ihn hatte die Nachricht noch nicht erreicht, dass sein Vater an den Folgen einer Brandverletzung gestorben war, die er sich als Lokomotivführer bei einem Eisenbahnunglück zugezogen hatte.

Plötzlich hörte er Schritte aus Richtung Dorf auf sich zukommen. Sofort war er hellwach, sein Puls raste. „Halt! Wer da? Parole!", hörte Jupp sich rufen und gleichzeitig das metallische Rattern des Gewehrverschlusses, da er intuitiv die Waffe durchgeladen hatte.

Eine Mädchenstimme, ziemlich erschrocken, drang aus der Dunkelheit an sein Ohr.

Er konnte das Mädchen auch jetzt noch nicht sehen, keine Konturen, nichts, nur die halblaute Stimme aus dem Dunkeln. Es wisperte, dass es auf dem Weg zu ihrer Tante nach Ladbergen sei, und flüsterte so leise, als ob es Angst habe, belauscht zu werden:

„Die Engländer sind bereits über der Ems und rücken gegen euch vor!"

Dann entfernten sich die Schritte wieder, diesmal in östliche Richtung. Verstört und wieder allein stand er da und überlegte krampfhaft, welche Möglichkeiten es nun gäbe. Das einfachste wäre, jetzt das Gewehr liegen zu lassen und der Front entgegen zu laufen, um sich den Engländern zu ergeben. Doch wie sollte er das anstellen? Er kannte niemanden, an den er sich hätte wenden können. Außerdem war das Risiko, in der Nacht von einem englischen Posten erschossen zu werden, ziemlich hoch. Und was würde dann aus Fredel, seinem besten Kumpel, werden? Ihr freundschaftliches Band war, seitdem sie als Oberschüler in die Fremde geschickt worden waren, um Soldaten bei der Flugabwehr zu unterstützen, noch stabiler geworden. Sie konnten sich blind aufeinander verlassen. Ihn jetzt einfach zurückzulassen, brachte er nicht übers Herz. Sollte er Fredel Bescheid geben und dann gemeinsam mit ihm verduften? Liebend gerne. Doch Fredel schlief mit den anderen in der Baracke. Ihn zu wecken, ohne dass die Kameraden davon Wind bekamen, war unmöglich. Würde einer der anderen acht Luftwaffenhelfer Verdacht schöpfen und dem Batteriechef Meldung machen, hätte ihr letztes Stündlein geschlagen. Auf Wehrkraftzersetzung stand die Todesstrafe und der Major hatte keinen Zweifel daran gelassen, dass er in solchen Fällen hart durchgreifen würde.

Nach kurzem Zögern entschied er sich, den neuen Batteriechef zu informieren. Schnellen Schrittes eilte er zum Quartier des Majors und weckte ihn.

Aufgeregt berichtete Jupp von der nächtlichen Begegnung während seiner Wache und gab die Information weiter, dass die Batterie sich in größter Gefahr befände.

Er hörte, wie der Major in der Finsternis nach seiner Uniform tastete und sie dann anzog. Danach gab er halblaut den Alarmbefehl. Alles passierte jetzt fast lautlos, denn die Warnung nahmen alle sehr ernst und niemand wusste, ob sich der Feind schon in der Nähe der Batterie aufhielt oder sogar schon in sie eingedrungen war.

So war die gesamte Mannschaft in Feuerbereitschaft in der Flakstellung versammelt, als es zu dämmern begann. Wer nicht direkt an einer der Kanonen eingeteilt war, saß, mit einem Karabiner bewaffnet, auf einer der vielen hölzernen Munitionskisten hinter dem schon stark abgetragenen Erdwall und beobachtete die Straße, auf der der Feind erwartet wurde. Von weitem war von ihnen nur jeweils der Stahlhelm zu sehen, der über dem Schutzwall hervorlugte.

Jupp wurde in diesem Moment klar, dass der Major die Batterie niemals kampflos aufgeben würde.

***

In den frühen Morgenstunden ließ das grollende Geräusch von Militärkolonnen die Saerbecker keinen Schlaf mehr finden. Das Dröhnen wurde von Stunde zu Stunde lauter.

Die Alliierten wichen der Flakstellung beim Hof Selig bewusst aus.[62] Aus taktischen Gründen nutzten sie auch nicht den Elter Damm, sondern wandten sich erst Richtung Riesenbeck, um dann über den Jacksonweg[63] durch das Sinninger Feld auf Saerbeck zuzurollen.

Bereits am Karsamstag hatten viele Familien aus dem Dorf Zuflucht auf den Höfen in den Bauerschaften gesucht, da sie sich in ihren Häusern nicht mehr sicher fühlten. So auch der Viehhändler Josef Wennemann.[64] Mit seinem Opel P4 brachte er seine Frau Elisabeth

---

[62] Die Aufgabe der Flakstellung bei Heitmann/Selig verlief vermutlich nicht ohne Blutvergießen. Zwei Flakhelfer kamen in der Umgebung der Stellung Selig ums Leben. Zudem wird von einem Soldatengrab am Hof M., Middendorf 30, direkt neben dem Hof Selig, berichtet. Dort war ein englischer „Gunner" (ID 1116883) bestattet. Siehe Schreiben vom 2.12.1946 zu alliierten Soldatengräbern in Saerbeck.

[63] Jacksonweg = Bevergerner Damm

[64] Augenzeugenbericht von Adolf Wennemann und Maria Albers, geb. Wennemann

sowie die minderjährigen Kinder Adolf, Maria und Kothilde zum Hof Spiekermann am Bevergerner Damm. Nachdem er seine Familie im Keller des Bauern in Sicherheit wusste, kehrte er in sein Haus an der Emsdettener Straße zurück. Dort versteckte er seinen Opel unter Stroh in Willebrandts Schuppen.

Was der besorgte Familienvater nicht ahnte: Ausgerechnet über den Bevergerner Damm rollten nur wenige Stunden später alliierte Panzer auf das Dorf zu. Da am Hof Spiekermann eine weiße Flagge ausgehängt war, wurde der Bauernhof nicht beschossen – weder die Bewohner noch ihre Gäste kamen zu Schaden.

Foto: Ostern 1937 in St. Georg Saerbeck

Ab 4 Uhr morgens rasselten dann die ersten feindlichen Spähpanzer auf den Ortskern zu.
Trotz der gefährlichen Situation gingen zur gleichen Zeit viele Dorfbewohner zur Kirche. Sie wollten wie in jedem Jahr die Ucht, eine feierliche Ostermesse, besuchen, die um 5 Uhr begann. Schwester Placida, eine Ordensfrau, die kriegsbedingt auch den Dienst des Küsters und Organisten verrichtete, stand zitternd vor

103

der Kirchentür und wagte nicht aufzuschließen. Der Dechant hingegen schritt mutig voran und ließ sich von seinem österlichen Auftrag nicht abhalten. Der Gottesdienst dauerte nicht lange. Plötzlich sprangen die Kirchentüren auf. Eine Vorhut von alliierten Soldaten schritt vom Turm aus in die Kirche und gab dem Geistlichen zu verstehen, die Ostermesse sofort abzubrechen. Doch bevor der Dechant seine Schäflein nach Hause schickte, stimmte er das Halleluja an, das noch nie mit so viel Überzeugung gesungen wurde wie an diesem Morgen.

1930: Blick vom Friedhof in die Emsdettener Straße

Die Dorfgemeinschaft suchte nun einen Freiwilligen, der den Ort kampflos den Engländern übergeben sollte. Die Wahl fiel auf Josef Wennemann – bekannt für seine ablehnende Haltung zum Nationalsozialismus. Entschlossen, das Dorf zu retten, ging er mit einer weißen Fahne den Alliierten auf der Emsdettener Straße entgegen.

In Höhe des Friedhofs erreichte er die fremden Soldaten, erklärte die Lage und die Kapitulation des Dorfes. Ohne dass auch nur ein Schuss fiel, durchfuhren wenige Minuten später Militärfahrzeuge den Ort und nahmen diesen offiziell ein. Die Übergabe des

104

Ortskerns von Saerbeck an die Alliierten war ohne Blutvergießen und Zerstörung geglückt.

Zur gleichen Zeit wachte Wolfgang in der Dachkammer des Hauses Boner durch Stimmengewirr wieder auf. Die Wortfetzen, die er aufschnappte, reichten aus, um die Situation zu erfassen. Flüchtlinge aus Münster stritten sich mit der Gastfamilie, ob es richtig sei, einen Luftwaffenhelfer zu verstecken. Um nicht weiter eine Gefahr zu sein, schlich er sich so leise wie möglich aus dem Haus und verließ es durch den Hintereingang. Als er noch ratlos im Garten stand, sah ihn ein Nachbar, Sommers Bernd[65] Er winkte ihm zu und gab ihm zu verstehen, dass er sich auf dem Dachboden seiner Schmiede verstecken könne, was Wolfgang auch sofort tat.

Foto: Schmiede Sommer – Haus in der Bildmitte 1930er Jahre

---

[65] Bernhard Sommer, Besitzer der Schmiede, die später zur Lindenstrmzog.

Für die Alliierten galt es nun, die Flakstellung Richter einzunehmen, damit der Vormarsch Richtung Ladbergen/Lengerich fortgesetzt werden konnte. Drei Mannschaften in gepanzerten Radfahrzeugen, die jeweils mit vier Soldaten besetzt waren, erhielten den Auftrag, die Flakstellung bei Richter zu beobachten. Sie kreisten die Batterie ein. Ein Spähpanzer postierte sich auf der Westladbergener Straße gegenüber der Hofeinfahrt Richter. Der zweite Wagen fuhr auf Krögers Kamp[66], ebenfalls nicht sichtbar für die deutschen Soldaten in der Flakstellung. Die dritte Mannschaft sollte die Stellung von der Grevener Straße aus beobachten. Da das Fahrzeug von innen ein nur sehr eingeschränktes Blickfeld durch Sehschlitze nach vorne bot, hatte der Kommandant des Spähpanzers, Major John A. Watts der 3. RTR, die Luke des Turms aufgeklappt und seinen Kopf und Oberkörper durch die Öffnung geschoben, um sich einen Rundumblick über das Gelände zu verschaffen.

Watts kannte sich aus. Er gehörte mit seinen 27 Jahren bereits zu den englischen Kriegshelden. Er war Träger des Military Cross, eines Ordens des Vereinigten Königreichs. Diesen hatte er sich im letzten Sommer nach der Landung in der Normandie erworben. Durch seine geschickte Führung konnte ein Häuflein englischer Infanteristen das französische Dorf Hubert Folie verteidigen, als dieses aus mehreren Richtungen von der 1. SS Panzer-Division „Leibstandarte SS Adolf Hitler" angegriffen wurde.[67]

Als gegen 7 Uhr ihr Fahrzeug zwischen Wiesmanns Heuerhaus und dem Bauernhof Nordhues auftauchte, gab der deutsche Major den Feuerbefehl. Eine Flak schoss auf den Panzerspähwagen, verfehlte

---

[66]Ackerfläche zwischen Bauer Heitmann und Haus Schuh, die dem Bauern Kröger/ Hortebusch gehört. Die Fläche ist seit 2019 Bauerwartungsland.

[67] https://www.dday-overlord.com/en/battle-of-normandy/cities/hubert-folie

aber das Ziel. Stattdessen schlug das Geschoss in die Scheune des Bauern Nordhues ein, wo es erheblichen Schaden anrichtete. Gleichzeitig eröffneten deutsche Soldaten das Gewehrfeuer. Da der Abstand zur Flakbatterie mehr als 200 Meter betrug, fühlte Watts sich in seinem gepanzerten Fahrzeug trotzdem sicher. Doch er hatte sich getäuscht. Eine Kugel traf ihn am Kopf. Schwer verletzt rutschte er in den schützenden Panzer. Auf die Flakstellung schießend zog sich der Panzerspähwagen geschwind zurück. Die lebensgefährliche Wunde bedurfte schnellstmöglicher Versorgung.[68]

Diesen Zwischenfall hatten Jupp und Fredel für sich zu nutzen gewusst. Als einer der Kameraden rief: „Der Tommy ist da!" blickten alle Augenpaare in der Batterie in nordwestliche Richtung. Gespannt beobachtete die Mannschaft den britischen Panzerspähwagen, der über die Grevener Straße langsam vorrollte. Im Augenblick des Feuerbefehls sprangen Jupp und Fredel in den flachen Verbindungsgraben, der zwischen den Geschützen und den Baracken verlief. Da die Tiefe des Aushubs nicht mehr als einen halben Meter maß, krochen sie auf allen Vieren. Da alle Aufmerksamkeit auf den feindlichen Panzer gerichtet war, erreichten die beiden Jungen unbemerkt den Wald hinter den Hofeichen. Dort drehten sie sich um. Niemand folgte ihnen. Sie waren tatsächlich schadlos aus der Batterie entkommen. Sie durchquerten das Gestrüpp der Waldspitze mit dem Ziel, weiter auf der Straße nach Ladbergen die Batterie so weit wie möglich hinter sich zu lassen. Doch als sie den befestigten Weg erreichten, sahen sie im gegenüberliegenden Chausseegraben tief gebückt feindliche Soldaten laufen.

---

[68] Watts starb nur 2 Tage später an den Folgen seiner schweren Schussverletzung, am 03.04.1945. Er hat seine letzte Ruhestätte im Klever Reichswald, wo auch seine toten Kameraden, die bei Überwindung des Westfalenwalls und der Hauptkampflinie Münster–Rheine ihr Leben ließen, begraben wurden.

Fast zeitgleich bemerkten auch die Engländer die beiden in den blaugrauen Uniformen. Die Alliierten erkannten mit geschultem Blick sofort, dass es sich um flüchtende deutsche Luftwaffenhelfer handelte, die nicht bewaffnet waren und daher keine Gefahr darstellten. Sie richteten ihre Maschinenpistolen auf die Jungen und riefen ihnen zu: „Hands up! Come on!" und winkten sie zu sich. Jede falsche Reaktion wäre jetzt tödlich gewesen. Das wussten Jupp und Fredel. So folgten sie der Aufforderung, verließen ihre Deckung und überquerten in Todesangst die Straße. Nur wenige Meter trennten die beiden Jungs davor, lebend in die Hände der Alliierten zu gelangen. Sie mussten damit rechnen, auf der Straße als Zielscheibe von vorne oder von hinten mit Gewehrsalven durchsiebt zu werden. Doch nichts passierte.

Sie rutschten zu den Engländern in den Straßengraben hinein. Doch Zeit zur Freude blieb nicht. Tief gebückt gingen sie mit Händen über dem Kopf zurück in Richtung Flakstellung. Die Engländer folgten ihnen mit Granatwerfern auf den Schultern. Als die Gruppe zur Waldspitze kam, konnte man schon die Batterie einsehen. Jetzt krochen die Engländer auf allen Vieren. Jupp und Fredel taten es ihnen gleich. Sie wollten nicht riskieren, von ihren eigenen Kameraden erschossen zu werden.

Im Graben herrschte reges Gedränge. Es kamen ihnen nun kanadische Soldaten entgegen, die zerlegte Granatwerfer bei sich trugen. Fredel wich ihnen aus, indem er die Böschungskante nach oben robbte. Dabei geriet er mit seinem Körper versehentlich oberhalb der Grabenkante. Unbemerkt verließ Fredel nur für Sekunden seine schützende Deckung.

Ein alliierter Scharfschütze, der die Westladbergener Straße zu sichern hatte, erkannte den deutschen Stahlhelm und die blaugraue Luftwaffenuniform. Ob Soldat oder Flakhelfer unterschied er nicht. Für ihn galt: „Ich oder er". Zeit abzuwägen oder nachzudenken blieb für ihn nicht. Er schoss, so wie er es immer und immer wieder geübt hatte, auf das ausgemachte Ziel. Getroffen! Fredels Körper neigte sich zur Seite, verlor den Halt und rollte ungebremst bis unten in die Grabensole. Dort blieb er auf dem Rücken liegen. Seine Gesichtszüge verwandelten sich in die eines unschuldigen Jungen, die sofort eintretende Blässe war schon die eines Toten. Blut floss aus der Wunde am Kopf und versickerte in der Erde. Der Mund war zu einem Schrei geformt, als wenn ein Kind nach seiner Mutter ruft. Doch der Mund blieb stumm. Ein vorbeikommender alliierter Soldat beugte sich über Fredel, fühlte seinen Puls, dann drückte er ihm mit Daumen und Zeigefinger die Augen zu.

Auch Jupp hörte die Garbe aus dem Maschinengewehr und duckte sich instinktiv weiter auf den Boden. Sobald es ging, blickte er nach hinten, konnte aber Fredel nicht erkennen. Schon spürte Jupp einen Gewehrkolben in seinem Rücken, der ihn daran hinderte, stehenzubleiben.

Nach weiteren 500 Metern erreichte die Gruppe den Abzweig Grevener Straße/ Westladbergener Straße. Hier wartete bereits ein älterer kanadischer Soldat, der die Gefangenen bewachen sollte. Jupp war der erste, doch schon bald kamen zwei deutsche Infanteristen in ihren grünen Uniformen hinzu. Jupp wartete und hoffte, dass sein Freund bald erscheinen würde.

Als der Kanadier merkte, dass Jupp Englisch sprach, erzählte er ihm von seiner Heimat, um die aufkommende Langeweile zu vertreiben. Eigentlich hatte Jupp vermutet, nun verhört zu werden. Die Alliierten hatten jedoch offensichtlich keinen Informationsbedarf.

Da alles ruhig war, krochen der Bewacher und die Bewachten langsam aus dem feuchten Straßengraben und setzten sich auf den trockenen Straßenrand.

109

Jupp schaute sich um. Er schätzte, dass die Entfernung zur Flakbatterie ca. 300 Meter betrug. Er konnte sie aber nicht erkennen, da das Gehöft Richter ihm die Sicht versperrte. Stattdessen konnte man von hier aus gut in das Dorf hineinblicken. Das Bild, das sich ihm bot, hatte er nicht erwartet. Die Straße war gesäumt von alliierten Panzern und Militärlastwagen. Die Fahrzeuge waren voll besetzt mit Soldaten, die offensichtlich auf den Befehl zur Weiterfahrt warteten.

Angesichts dieser militärischen Übermacht sah Jupp sich darin bestätigt, dass die Flucht aus der Flakstellung die richtige Entscheidung gewesen war. Doch Freude empfand er nicht. Er schämte sich gleichzeitig dafür, dass er seine Kameraden im Stich gelassen hatte.

***

Nachdem die Alliierten alle an der Operation beteiligten Einheiten zusammengezogen hatten, begann gegen 10 Uhr die Eroberung der Batterie. Zu diesem Zeitpunkt befanden sich noch drei Geschützbedienungen, ungefähr 30 Soldaten und ihre Luftwaffenhelfer in der Stellung. Der diensthabende Major war in der Zwischenzeit zu seinen Leuten zurückgekehrt, die sich seit Freitagabend in den Schützengräben außerhalb der größten Gefahrenzone verschanzt hatten.

Mehr als ein Dutzend kanadischer Infanteristen standen an der Westladbergener Straße und fingen nun an, ihre Granaten auf die Batterie zu werfen. Die umherfliegenden Metallsplitter brachten Tod und Vernichtung. Die Flakhelfer schrien in Todesangst. Das Rufen der Jungen nach ihren Müttern hörte noch voller Entsetzen Familie Heitmann, die in einem Erdbunker Zuflucht gesucht hatte. Selbst die kleinen Kinder im Bunker ergriff der Schmerz, der von den Schreien ausging.[69] Die Zerstörungskraft der Geschosse beschädigte die Flakgeschütze schon nach kurzer Zeit so stark, dass sie funktionsunfähig wurden. Daraufhin drehte die noch lebende Mannschaft die Rohre ihrer Kanonen zum Zeichen der Wehrlosigkeit senkrecht in den Himmel und sprengte die Verschlüsse. Nun wäre es Zeit gewesen, die weißen Fahnen zu zeigen und die Flakstellung aufzugeben. Doch der Major ließ weiterkämpfen.

Die Granatwerfer konzentrierten sich nun auf die Schützengräben, die von der Flakstellung in Richtung Grevener Straße verliefen. Die neue Flakkompanie, die sich mit ihrem Major in Sicherheit glaubte, geriet jetzt unter Beschuss. Zwei Luftwaffenhelfer wurden direkt getroffen. Ihre toten Körper sahen arg zugerichtet aus. In dieser angespannten Situation verloren drei Flakhelfer die Nerven und sprangen mit erhobenen Händen aus dem Schützengraben. Schüsse fielen. Anschließend sanken die drei Luftwaffenhelfer zu Boden.

Während alle anderen noch tiefer in Deckung gingen, kletterte ein deutscher Sanitäter, gut gekennzeichnet mit einem roten Kreuz auf seiner Sanitätstasche und seiner Soldatenuniform, aus dem Unterstand. Ohne dass ein Schuss fiel, näherte er sich den am Boden liegenden Jungs, um Erste Hilfe zu leisten. Doch sie kam zu spät.

***

Jupp, der noch immer am Straßenrand saß, konnte die Einschläge der Projektile deutlich hören. Er zählte mehr als 30 Granatexplosionen, die sich über eine Stunde hinzogen.

Nachdem der intensive Beschuss durch Granaten aufhörte, rückten sechs Panzer nach, die zuvor vom Dorf aus über den Esch in

---

[69] Josef Heitmann, damals 3 Jahre alt, Franz Heitmann, damals 5 Jahre alt

Richtung deutscher Flakstellung gerollt waren. Sie kamen bis auf 200 Meter an die Batterie heran.

Aus der sicheren Entfernung beschossen sie jetzt mit ihren Kanonen in schneller Schussfolge etwa zehn Minuten lang die Flakstellung. Als keine Gegenwehr mehr aus der Batterie kam, sammelten sich hinter dem Hof Richter etwa 50 Infanteristen zum Sturm auf die Stellung. Einige Luftwaffenhelfer, die im Graben vor der Batterie überlebt hatten, sprangen aus ihrem Versteck und liefen zur 50 Meter entfernt liegenden Stallung beim Hof Richter. Dabei hatten sie den Eindruck, dass sie aus dem Wäldchen beschossen wurden. Die Luftwaffenhelfer erreichten unverletzt den nahen Schuppen. Dort nahmen kanadische und polnische Soldaten sie gefangen. Sie büßten dabei Uhren und Geld ein, wie bei allen alliierten Truppen üblich, hatten aber ihr Leben gerettet.

Nach dem Panzerangriff gaben die noch in der Stellung befindlichen lebenden Verteidiger endlich auf. Der Major begann mit weißen Tüchern zu winken und schnell taten es alle anderen deutschen Soldaten und Luftwaffenhelfer ihm nach.
Dann liefen auch sie mit erhobenen Händen auf die wartenden kanadischen Soldaten zu. Diese bemerkten, nachdem ihre Gefangenen die Stahlhelme abgelegt hatten, zu ihrer Überraschung, dass die meisten Deutschen noch halbe Kinder waren. Der gefangene Major sagte noch im Vorbeigehen zu seinen Leuten: „Wir haben wenigstens unsere Pflicht getan!" Kein Wort des Bedauerns kam über seine Lippen. Statt selbst Verantwortung für sein Handeln zu übernehmen, versteckte er sich hinter seinem militärischen Auftrag.

Benommen und vom Geschosslärm fast taub warteten die Gefangenen geduldig, bis sie gemeinsam zu einem Sammelpatz im Dorf gebracht wurden.

Der Major[70] hingegen wurde von der Gruppe getrennt und unter Einzelbewachung weggeführt. Hier verliert sich die Spur des greisen Offiziers. Niemand der übrigen Gefangenen hat den Major später (weder in einem Gefangenenlager noch nach der Entlassung aus der Gefangenschaft) je wiedergesehen oder ein Lebenszeichen von ihm erhalten.

Nun war die Zeit der alliierten Infanteristen gekommen, die Stellung zu säubern. In höchster nervlicher Anspannung und mit schussbereiten Waffen drangen die Kanadier in die Batterie ein.
Die Männer hatten die schwierige Aufgabe, noch mögliche kampfbereite Soldaten in der Flakstellung aufzuspüren und auszuschalten. Bei jedem deutschen Soldaten, den sie in der Flakstellung noch fanden, musste festgestellt werden, ob er auch tatsächlich kampfunfähig war.
Seit nunmehr neun Monaten hatten die Alliierten schon viele Stellungen eingenommen und dabei immer wieder Kameraden verloren, wenn sie zu oberflächlich vorgegangen waren. Tot geglaubte deutsche Soldaten hatten alliierte Befreier in den Rücken geschossen, sobald sie sich von ihnen abgewandt hatten. Diese blutigen Erfahrungen veranlassten die Infanteristen, ihr Kriegshandwerk brutal auszuüben. Selbst auf schon tote Soldaten wurde nochmals geschossen, um sicherzugehen, dass sie auch wirklich kampfunfähig waren.

Die Arbeit der Kanadier wurde zusätzlich dadurch erschwert, dass sie unter Beschuss von versprengten deutschen Truppen gerieten, die sich trotz aussichtsloser Lage im nahegelegenen Wäldchen verschanzt hatten und von dort aus auf die Alliierten in der Flakstellung feuerten. Erst als zwei Panzer an das Wäldchen

---

[70] Name des Majors nicht bekannt

113

heranrollten und hineinschossen, flüchteten die deutschen Soldaten.

Die Infanteristen waren schon in die Batterie eingedrungen, als ein britischer Radpanzer sich der Stellung näherte und ihnen zur Hilfe kam. Ob es sich dabei um den Panzerspähwagen handelte, auf dem morgens der britische Major Watts schwer verletzt wurde, ist nicht bekannt.

***

Kurze Zeit später, nachdem der Waffenlärm verstummt war, sah Jupp, der sich seit Stunden nicht von der Stelle bewegt hatte, wie 15 bis 20 kanadische Infanteristen von ihrem Einsatz zurückkamen und in Richtung des Dorfes marschierten. Dem vorbeiziehenden Trupp gehörten weder Verwundete noch Gefangene an. Die Hoffnung, dass Fredel dabei sein könnte, erfüllte sich nicht. Kurz vor Mittag bekam der Bewacher von Jupp und den anderen beiden deutschen Soldaten den Befehl, seine Gefangenen ins Dorf zu bringen. Nachdem sie in der Ortsmitte angekommen waren, wurden sie auf einen bewachten Sammelplatz im Hof der Gaststätte Möllers geführt, auf dem schon andere deutsche Soldaten als Gefangene im Schatten einer langen Mauer saßen und warteten. Als Mittagsmahlzeit gab es für jeden ein paar Kekse. Danach wurden sie auf einen Lastwagen geladen und abtransportiert. Die Fahrt endete Stunden später in einem Kriegsgefangenenlager.

***

Ursel und ihre Familie waren fest davon ausgegangen, dass die Flakstellung aufgegeben werden würde. Das hatte ihnen der Kommandant der Flakstellung noch am Samstagmorgen bestätigt. Doch von den dramatischen Veränderungen, die sich noch am Samstagnachmittag in der Flakstellung vollzogen, wussten sie nichts. Daher hatten sie auch keine Veranlassung gesehen, zu fliehen.

Die Überraschung war groß, als kurz vor Sonnenaufgang der erste britische Panzerspähwagen kampfbereit vor ihrem Haus auftauchte. Für eine Flucht war es zu spät. So versteckte sich die gesamte Familie in einem Stollen, den der Vater gegenüber der Wohnung in einen Abhang getrieben hatte, um sich gegen Bombensplitter zu schützen. Kaum hatten sie darin Platz genommen, betrat ein englischer Soldat den Bunker und kontrollierte, ob in ihm Kriegsvorbereitungen erfolgten oder ob es sich hierbei um einen Schutzraum handelte. Der Soldat riet der Familie, im Stollen zu bleiben, sich ruhig zu verhalten und keine deutschen Soldaten hereinzulassen. Dann würde ihnen auch nichts passieren. Wenige Minuten später begann auch schon die Schießerei zur Eroberung der Flakstellung.

Als Stunden später endlich die Waffen schwiegen, stürmte ein deutscher Soldat in den Bunker und rief: „Da liegen viele Gefallene! Helft mir!" Aus Angst, selbst in Gefahr zu geraten, schickten sie ihn zurück, gaben ihm aber ein weißes Tuch mit, damit er sich ergeben konnte.

Da es zu riskant war, das Kampfgebiet als Mann zu verlassen, schickte der Vater schweren Herzens seine sechzehnjährige Tochter los, um medizinische Hilfe für die Soldaten zu holen. „Ursel, hol du Hilfe", sagte Josef Wierlemann besorgt.

Mutig verließ sie den Schutzraum und eilte zur Straße. Ihr Fahrrad stand unversehrt im Schuppen. Statt direkt ins Dorf zu fahren, schlug sie den Weg zur Flakstellung ein. Am Marienkapellchen bog sie ab und überquerte den großen Hof, um einen Blick auf das Schlachtfeld zu werfen. Dort durchkämmten russische

Zwangsarbeiter die Gefallenen und nahmen ihnen die Lederstiefel ab. Entsetzt wendete sie ihr Rad.

Ein holländischer Zwangsarbeiter, der ihr entgegenkam, rief ihr zu: „Op de Buik, op de Buik!" Noch waren vereinzelt Schüsse zu hören. Gebückt überquerte Ursel den Hof, bestieg ihr Rad und radelte eilig weiter.

Auf der Grevener Straße standen Panzer und Militärlaster, deren Besatzungen neben ihren Fahrzeugen auf Befehle warteten. Noch nie hatte sie dunkelhäutige Menschen gesehen. Schließlich konnte sie Schwester Noemi und eine Rotkreuzschwester überreden, mitzukommen und die Verwundeten zu versorgen. Der Pfarrer hingegen blieb aus Angst im Pfarrhaus.

Heiligenstädter Schwester vor dem Kellereingang im Garten zum Teigelkamp

Als Ursel mit den Schwestern zum Schlachtfeld zurückkehrte, traf dort auch der Nachbar, Bauer Nordhues, ein. Er hatte zuvor aus dem Giebelfenster seines Hauses den gesamten Gefechtsverlauf beobachtet, der auf seinem Acker stattfand. Der Bergungsgruppe bot die Flakstellung ein Bild des Schreckens. Überall verstreut lagen Tote, die zum Teil arg zugerichtet waren. Sie zählten elf tote Luftwaffenhelfer und sieben getötete Soldaten. Zwischen den vielen Leichen fanden sie noch zwei Verwundete, die von den Ordensschwestern sofort medizinisch versorgt wurden.

Greven: Kämpfe an den Emsbrücken

Ab der Mittagszeit schwiegen auch im Nachbarort Greven nach einem mehrtägigen Kampf endlich die Waffen.

Am Karfreitag hatte der örtliche Pastor in der vorösterlichen Andacht noch vergeblich versucht, seine Gemeinde zur Kapitulation zu bewegen. Der Rat jedoch verhallte. Der Ortsgruppenleiter von Greven drohte stattdessen: „Dem ersten, der die weiße Fahne zeigt, werden alle Panzerfäuste ins Haus gejagt, dass die ganze Familie zum Düvel geht." Dann veranlasste er die Mobilmachung des Volkssturms. Viele Zivilisten hatten nun Sorge vor dem, was alles passieren könnte. Wer konnte, flüchtete – bei strahlendem Frühlingswetter – in die Bauerschaften. Ihr nötigstes Hab und Gut hatten sie dabei auf Handwagen verstaut.

Wie nachmittags schon von der Kanzel in St. Martini verkündet, trafen gegen 18 Uhr die ersten alliierten Truppen am Westufer der Ems ein. Sie besetzten dort den Grevener Bahnhof, auf dessen Bahnsteig nur 48 Stunden zuvor noch deutsche Soldaten und Luftwaffenhelfer ausgestiegen waren, um dann im Eilmarsch nach Saerbeck zu kommen.

Um 21 Uhr erreichte eine kanadische Kompanie den Ortsrand, um die Emsbrücke bei Wierlemann (heute Weinhandlung Fallnit) möglichst intakt einzunehmen. Unterdessen formierte sich im Ort der Widerstand, vor allem beim Volkssturm. Auf allen drei Brücken wurden Panzersperren aufgebaut. Dann stellte man einen Stoßtrupp zusammen, der den Auftrag erhielt, den Bahnhofsbereich wieder freizukämpfen. Dazu mussten die Soldaten zunächst einmal die Emsbrücke bei Wierlemann überqueren. Schon am Brückenkopf gerieten sie unter Beschuss der Kanadier. Es entwickelte sich ein längeres Gefecht, das damit endete, dass sich die deutschen Soldaten auf die Emsinsel zurückziehen mussten.

In die Enge getrieben rückten kanadische Spitzen über die Flutbrücke auf das Eiland nach, um den Stoßtrupp endgültig zu stoppen. Der wahnwitzige Versuch, den Bahnhofsbereich zurückzuerobern, war gescheitert.

In dieser aussichtslosen Lage bekam ein deutsches Sprengkommando den Befehl, die an den Emsbrücken angebrachten Dynamitladungen zu zünden. Beherzte Grevener Männer versuchten noch, den Sprengmeister von seinem Auftrag abzuhalten. Vergebens.

Am Karsamstag um 1 Uhr nachts wurde die Wierlemannbrücke, um 2.05 Uhr die Brücke Schöneflieth gesprengt. Auf der Suche nach Alternativen entdeckten die Kanadier in der Nacht eine kleine, unzerstörte und offenbar unverteidigte Fußgängerbrücke zwischen den beiden Hauptbrücken. Noch vor Sonnenaufgang gegen 5:30 Uhr überquerten zwei Spähtrupps erfolgreich die Fußgängerbrücke und drangen bis zur Lindenstraße vor. Schon am Morgen bauten die Alliierten bei Wierlemann eine Behelfsbrücke auf.

Die Bewacher der Zwangsarbeiter bekamen nun den Befehl, die ausländischen Arbeiter, die in Greven einquartiert waren, vor dem Einmarsch der Alliierten in die noch nicht besetzten Gebiete zu bringen. So musste auch Konrad seine Habseligkeiten packen.

Konrad hatte im Mai 1942 zusammen mit allen jungen Männern, die älter als 15 Jahre waren, sein Heimatdorfes Burkivtsi/Ukraine verlassen müssen. Als Zwangsarbeiter wurde er ins Deutsche Reich deportiert. Nach mehreren Arbeitseinsätzen in Münster war er nach Greven zum Kohlenhändler Kölker gekommen, wo er arbeitete und wohnte, wenn er nicht zur Reparatur des Kanals gebraucht wurde. So zog Konrad in einer Kolonne von Greven über Ladbergen in Richtung Kattenvenne. Plötzlich kamen englische

Tiefflieger und griffen den Treck mit Bordwaffen an. Konrad sah noch, wie sein direkter Nebengänger tot zusammensackte, bevor er selbst, zweimal getroffen im Rücken- und Schulterbereich, schwer verletzt und bewusstlos liegen blieb. Er wachte auf einem Bauernhof auf einem Strohlager auf. Die Tochter eines Bauern hatte ihn gefunden und versorgt. Er hatte bei dem Angriff alle seine Habseligkeiten und seine Papiere verloren. Aber sein Leben war gerettet.[71]

Es dauerte nur wenige Stunden, bis die ersten Fahrzeuge wieder über die Ems rollten. Anschließend rückten Infanteristen der kanadischen und britischen Fallschirm-jägerverbände bis zum Marktplatz vor. Nach Besetzung des Dorfkerns fuhren die ersten alliierten Truppen weiter in Richtung Osten und erreichten bereits am Mittag den Dortmund-Ems-Kanal.

Obwohl es offensichtlich war, dass der Vormarsch der Alliierten aufgrund ihrer erdrückenden militärischen Stärke nicht aufzuhalten war, kam das Dorf nicht zur Ruhe. In der folgenden Nacht zu Ostersonntag versuchten weiterhin Wehrmachtssprengsel verzweifelt die Gegenwehr. Erst am Ostersonntag gegen Mittag schwiegen endlich die deutschen Waffen auch in Greven mit der traurigen Bilanz, dass der letzte von der NS-Führung angeordnete Widerstand zehn Zivilisten, 68 deutschen Soldaten und mindestens 39 alliierten Soldaten den Tod gebracht hatte.

---

[71] Erinnerungen von Konrad Sahorn, der nach seiner Geburt in der Ukraine auf den Namen Kindrat getauft worden war. Um nicht vom russischen Geheimdienst aufgespürt zu werden, änderte er seinen Namen. In Saerbeck, in dem er nach dem Krieg untertauchen konnte, war er unter dem Namen Franek bekannt.

***

Saerbeck: Furcht vor Rückkehr der Kämpfe

Trotz Ausgangssperre und Einquartierung von englischen Soldaten in der elterlichen Wohnung schlich Ursel nach Einbruch der Dunkelheit aus dem Haus. In einem Korb, den sie unter ihren Kleidern versteckte, verbarg sie belegte Brote und eine Flasche mit frischer Milch.

Zielstrebig ging sie in die Pröbstings Heide, in der Hoffnung, Franz hier zu finden.

Sie hatte von Franz schon längere Zeit nichts mehr gehört. Zweifel kamen in ihr auf. Sie machte sich Sorgen. Sie hatte heute schon zu viel Schlimmes erlebt und zu viele Tote gesehen. Hatte er die letzten Tage überlebt oder war ihm doch etwas zugestoßen? War er vielleicht bereits seit Tagen in Richtung Osten geflohen? Gab es überhaupt die Chance, sich der Gefangennahme zu entziehen?

Als sie schon tief in den Kiefernwald vorgedrungen war, rief sie vorsichtig: „Franz, bist du hier?" Alles blieb still. Doch sie gab nicht auf. Sie rief wieder seinen Namen und ging langsam weiter, blieb wieder stehen, horchte. Dann, nach bangen Minuten, die Ursel wie eine Ewigkeit vorkamen, hörte sie ein Rascheln. Wieder rief sie seinen Namen.

Franz, der sich in einer Erdhöhle aufhielt, hatte endlich das Rufen gehört und war daraufhin geschwind aus seinem Versteck gekrabbelt.

Franz rief: „Hier sind wir" und winkte mit beiden Armen. Erleichtert atmete Ursel auf, als sie Franz zusammen mit seinem Kameraden Kuddel vor einem Erdloch sitzend fand. Freudig fielen sie sich in die Arme.

Nachdem der erste Hunger gestillt war, sagte Franz begeistert: „Ich habe nicht eine Sekunde gezweifelt, dass du kommen würdest, danke!"

DER WEHRMACHTSBERICHT MELDET

1. April 1945 „... Im Westen stehen unsere Verbände in schweren Abwehrkämpfen an der holländischen Grenze, nördlich und nordöstlich von Emmerich, sowie im Raume von Burgsteinfurt. Zwischen Dülmen und Münster wurde der Feind aufgehalten. Südöstlich davon ist er im weiteren Vordringen aus dem Abschnitt Drensteinfurt nach Osten."

2. April 1945, Ostermontag

Am Ostermontag erhielten Bauer Nordhues und zwei Nachbarn[72] die Erlaubnis, die Toten zu bergen. Die Leichen lagen noch verstreut in der Stellung, im Wäldchen und in einem Hohlweg.

Die drei Männer luden alle Leichen auf einen Flachwagen, hoben einzelne Gräber unweit der Batterie aus und begruben die Toten. Die Männer verstanden das Kriegshandwerk, da alle drei als Soldaten im Ersten Weltkrieg gekämpft hatten. Ihnen fiel daher auf, dass fast alle geborgenen Leichen Schusswunden am Kopf und/oder an der Brust aufwiesen. Die Auffälligkeit meldeten sie dem Bürgermeister. Dem Ortsgruppenleiter konnten sie nicht mehr Bericht erstatten. Er saß bereits in britischer Untersuchungshaft.

 DER WEHRMACHTSBERICHT MELDET

2. April 1945 „... Östlich von Burgsteinfurt hielten unsere Truppen das Vordringen des Feindes auf. Auch bei Münster behauptet sie sich gegen starke Angriffe."

---

[72] Leo Mertens und Josef Wierlemann (Vater von Ursel)

121

Brochterbeck: Das Dorf bleibt nicht verschont

Während die Stellung Richter schon längst befriedet war, erwarteten Oberleutnant Wendt und seine neunzehn Männer an diesem Morgen noch den Feind, allerdings in Brochterbeck.

Anders als der ursprüngliche Auftrag lautete, hatte er die beiden Geschütze in Bevergern lediglich an eine andere Flakgruppe übergeben müssen. Anschließend bekam Wendt den Befehl, seine Mannschaft zur Flakkommandantur nach Greven zu führen. Da die Sinninger Mark bereits in Feindesland lag, blieb die Gruppe östlich des Dortmund-Ems-Kanals. Als sie Brochterbeck passieren wollte, wurde sie vom Panzergrenadierersatzbataillon 60 gestoppt.

Das Grenadierbataillon traf gerade Vorbereitungen für die Verteidigung des Zugangs zum Bocketal und konnte personelle Unterstützung gut gebrauchen. Kurzerhand wurde die Gruppe von Oberleutnant Wendt dem Bataillon unterstellt, wodurch die Gesamtkampfstärke auf 150 Mann stieg.

Im Ort herrschte eine merkwürdige Stille. Die Dorfbewohner hatten ihre Häuser längst verlassen und waren in die Bauerschaft geflüchtet oder suchten Zuflucht in einem Bunker am östlichen Kleeberg.

500 Meter vor dem Dorf hatte sich eine kleine Gruppe der Verteidiger Erdlöcher in den Acker gegraben. Dort hockten sie nun und erwarteten den übermächtigen Feind.

Eine zweite Verteidigungslinie erstreckte sich von der Höhe des Kleebergs bis zum Bauernhof Lünningmeier. Und eine dritte Gruppe schließlich sicherte die Kreuzung am Kaiser-Wilhelm-Denkmal ab.

Für die Engländer drängte die Zeit. An ein schnelles Durchkommen am Dörenther Berg war nicht zu denken. Die englische Militärführung entschied, auf Brochterbeck auszuweichen, um von dort durch das Bocketal auf Ibbenbüren vorzudringen. Ab Ostermontag 8 Uhr dröhnte es in den leeren Gassen von Brochterbeck. Das metallische Klirren der Panzerketten, vermischt mit dem Motorengeräusch der schweren Kriegsgeräte, wurde immer lauter. 20 englische Panzer rollten von Dörenthe aus auf den Ort zu.

Um 8:15 Uhr eröffneten die deutschen Vorposten das Feuer auf die herannahende feindliche Panzerkolonne. Sofort drängten die gepanzerten Kettenfahrzeuge auseinander und formierten sich über die gesamte Ackerfläche neu. Anschließend rollten sie nebeneinander und schießend auf Brochterbeck zu. Die deutschen Soldaten, die sich im Esch eingegraben hatten, gerieten in große Bedrängnis. Nach den ersten Feuerstößen erhoben sie sich aus den Löchern, um nicht von den Panzern überrollt zu werden. Mit erhobenen Händen wurden sie abgeführt und kamen in Gefangenschaft.

Als die Soldaten in der zweiten Verteidigungslinie das sahen, flüchteten sie in das hinter ihnen liegende Dorf. Prompt reagierten die Alliierten, indem sie den westlichen Dorfrand in Brand schossen. Danach richteten die Panzer ihre Rohre auf den Ortskern aus. Salve um Salve brachte weitere Zerstörung. Schließlich ergriffen die Verteidiger die Flucht in Richtung Lengerich[73]. Nun erst konnten die Dorfbewohner ihre weißen Fahnen zeigen. Gegen Mittag war Brochterbeck von den Alliierten eingenommen und Oberleutnant Wendt kam zusammen mit seiner Mannschaft in Gefangenschaft.

---

[73] Auch Oberleutnant Wendt geriet in Gefangenschaft. Nach dem Krieg meldete er sich in Saerbeck telefonisch bei Bauer Hegemann und bat ihn, er möge ihm doch seinen auf dem Hof deponierten Koffer, gefüllt mit privaten Dingen, zuschicken. Bernhard Hegemann wies die Bitte zurück und forderte Wendt auf, seinen Koffer persönlich abzuholen. Doch Wendt kam nie vorbei. Vermutlich wurde der Koffer 1979 ein Raub der Flammen, als der Hof Hegemann abbrannte. Quelle: Gespräch zwischen Franz Schuh und Bernhard Hegemann

Münster: Der R.A.D. übernimmt die Flak

Als in der Nacht zum Gründonnerstag der Befehl kam, vier Geschütze aus der Flakstellung Heitmann nach Münster an der Nienberger Chaussee am Haus Uhlenkotten[74] zur Panzerabwehr zu verlegen, mussten Paul und seine Kameraden die Geschütze ausgraben und noch im Schutz der Dunkelheit nach Münster in die Flak-Kaserne Gievenbeck begleiten, wo die Geschütze zunächst überholt wurden.

In den frühen Morgenstunden des Karfreitags fuhren Paul und seine Flakmannschaft dann nach Nienberge, um die Geschütze in vom R.A.D.[75] vorbereiteten Stellungen aufzubauen.

Statt mit den Geschützen in Position zu gehen, verlangte der befehlshabende Oberfeldmeister des R.A.D. die Übergabe der Geschütze samt der panzerbrechenden Munition mit der Begründung, dass seine Gruppe an der 8,8 ausgebildet sei und sie nach der Drecksarbeit des Stellungbauens nun auch das Vaterland mit den entsprechenden Waffen verteidigen wollten.

Da Pauls kommandierender Gruppenchef nur ein einfacher Oberwachtmeister des R.A.D. war, musste er diesem Ansinnen Folge leisten und alles ordnungsgemäß gegen Quittung übergeben. Nicht unglücklich über die Situation verbrachten Paul und die anderen den Tag über mit Gammeln auf einem in der Nähe liegenden Bauernhof, da Tiefflieger die Straße kontrollierten und sie auch endlich einmal schlafen mussten. Erst am Abend gelang der Gruppe unbehelligt von Tieffliegern die Rückkehr nach Gievenbeck.

Am Karsamstag bekamen Paul und seine Kameraden unter Leitung des Oberwachtmeisters den Auftrag, mit einem

---

[74] Nähe Autobahnkreuz Münster Nord, Möbelhaus Finke
[75] R.A.D.: Reichsarbeitsdienst

Mannschaftswagen ein beschädigtes Flak-Geschütz in MS-Gelmer zu bergen.

Aus Richtung Münster kommend überquerten sie mit ihrem umfunktionierten Feuerwehrhilfswagen noch den Dortmund-Ems-Kanal, bevor hinter ihnen die Brücke gesprengt wurde.

Sie fanden das Flakgeschütz und konnten es bergen, indem sie es aus der Stellung auf die Straße zogen und anschließend die Lafette an den Mannschaftswagen kuppelten. Doch die direkte Route zurück in die Flak-Kaserne war nun versperrt. Es blieb nur noch der Umweg über Greven-Gimbte, um nach MS-Gievenbeck zu gelangen.

Gegen 17 Uhr näherte sich die Bergungsmannschaft mit ihrem Gespann dem Ortseingang von Gimbte. Sie ahnten nicht, dass Gimbte bereits von den Alliierten eingenommen war.

Als der LKW mit angehängter Flak-Kanone gerade auf der abschüssigen Straße auf die Abzweigung Gimbte–Sprakel zu rumpelte, wo der Fahrer links in Richtung Münster abbiegen wollte, wurde das Gespann von einem englischen Panzer beschossen. Ein Volltreffer von vorne riss den Fahrer, den Oberwachtmeister und einen weiteren Kameraden in den Tod. Der Rest der Mannschaft kam verwundet ins Lazarett bzw. in Gefangenschaft.

Am Ostersonntag[76] wurde die Flakstellung des R.A.D. mit den vier Geschützen aus Saerbeck von den Alliierten erobert. Auf dem Gemeindefriedhof von Nienberge sind 10 R.A.D.-Angehörige[77], die diesen sinnlosen Kampf mit ihrem Leben bezahlten, begraben.

Am Tag darauf rollten endlich die ersten britischen und amerikanischen Militärfahrzeuge über den Prinzipalmarkt. Sie

---

[76] Stadtarchiv Münster
[77] WN Artikel 27.10.2014 Reinigungsaktion gegen das Vergessen / Dr. Rolf Engelshowe

mussten sich mühsam einen Pfad durch die Trümmer bahnen. Der Schutt türmte sich dort meterhoch.

Das Bild zeigt den MS Prinzipalmarkt am 2.Aril 1945;
Quelle: Fotografiert im Stadtmuseum Münster

Reg Davis, der als amerikanischer Offizier die Eroberung von Münster geleitet hatte, antwortete über Sprechfunk auf die Frage. „Was sagen die Steine?" mit den Worten: „It looks like Pompeji"[78]

---

[78] Fünf vor Null, H. Müller, 1976, S.7

126

Im Brumleytal: Sinnloses Blutvergießen

Am Dienstag nach Ostern, dem 3. April 1945, überschritten alliierte Truppen die Dörenther Klippen und den Riesenbecker Berg. Abends zuvor hatten noch 3000 deutsche Soldaten, die aus Truppenschulen aus den Bereichen Hannover und Celle zusammengezogen worden waren, völlig erschöpft den Höhenzug des Teutoburger Waldes bei Riesenbeck nach einem achttägigen Gewaltmarsch erreicht.

Trotz Erschöpfung mussten die Soldaten direkt nach ihrer Ankunft im Teuto-Hang in Stellung gehen. Schwere Erdkämpfe konzentrierten sich dabei auf das Brumleytal. Britische Einheiten erlitten hohe Verluste durch erbittert kämpfende deutsche Verteidiger. Der auf deutscher Seite errichtete Verbandsplatz am westlichen Eingang zum Tal erhielt einen Artillerievolltreffer. Viele Verwundete wurden bis zur Unkenntlichkeit zerrissen.
Bei diesen Kämpfen im Brumleytal ließen 114 englische und 43 deutsche Soldaten ihr Leben.

Um den massiven Widerstand im Teuto zu brechen, nahmen die Alliierten den Berg unter starkes Artilleriefeuer[79]. Etwa 12-14000 Granaten explodierten im Kampfgebiet, abgeschossen von 400 Artilleriegeschützen. Eine besondere Gefahr stellten Granaten dar, die in Baumkronen explodierten und als „Baumkrepierer" einen Hagel aus Geschosssplittern erzeugten. Anschließend stürmten die Engländer mit hochstehenden Flammenwerfern vor. Ihr Strahl war 40 m lang und etwa 1m breit. Wen der Feuerstoß erfasste, erlitt schwerste Verbrennungen am ganzen Körper, die oft einen grausamen Tod zur Folge hatten.[80]

---

[79] 400 Artilleristen gingen dabei in Stellung
[80] Flammenwerfer sind aufgrund des grausamen Todes des Gegners heute verboten

So in Bedrängnis geraten zogen sich die deutschen Soldaten am Tag darauf (4.4.). aus dem Waldgebiet zurück und verschanzten sich in den Häusern von Ibbenbüren.

 DER WEHRMACHTSBERICHT MELDET

3.April 1945 „... Feindliche Angriffe am Teutoburger Wald beiderseits Tecklenburg blieben im Abwehrfeuer unserer Höhenstellungen liegen."

 DER WEHRMACHTSBERICHT MELDET

4. April 1945 „... an den nordwestlichen Ausläufern des Teutoburger Waldes sind heftige Angriffe des Feindes und eigene Gegenangriffe im Gange. Panzergrenadiere stießen nordwestlich Burgsteinfurt in die tiefe Flanke des Gegners und vernichteten eine Panzergruppe. In den Straßen von Rheine und Osnabrück wird gekämpft. Über Herford stoßen Panzerspitzen gegen das Gebiet von Bad Oeynhausen vor, während die Besatzung von Münster dem Feind weiter verbissen Widerstand leistet. Im Nordabschnitt der Westfront wurden gestern 54 Panzer abgeschossen."

128

Hopsten Dreierwalde: Kämpfe dauern an

Am Karfreitag hatten die Engländer schon Neuenkirchen besetzt. 24 Stunden später rückten sie in Rheine ein. Doch damit war die Nordflanke der Frontlinie noch nicht besiegt. In Hopsten-Dreierwalde befand sich seit 1938 ein Fliegerhorst, der mit dem Rückzug der deutschen Truppen ab 1944 immer stärker an Bedeutung gewann. Mit dem Eintreffen der Alliierten an der Ems wurde der Abzug der Fliegerstaffel befohlen. Der zurückgebliebene Flugplatzkommandant und SS Einheiten bereiteten sich mit Unterstützung des örtlichen Volkssturms auf die Verteidigung vor. An strategisch wichtigen Stellen wurden Schützengräben ausgehoben.

Im Ort selbst sollten Panzersperren den Feind aufhalten. Dahinter lagen in zuvor ausgehobenen Erdlöchern einige Volkssturmmänner mit Panzerfäusten.

Die Dorfbevölkerung von Dreierwalde floh indes aus ihren Häusern. Sie versteckte sich in selbst gebauten Erdbunkern oder suchte Zuflucht bei Bauern in der Umgebung. Das Dröhnen der herannahenden Front war ab Karsamstag deutlich zu vernehmen. Stunde um Stunde verging. Das Tosen der Front blieb und das bange Ausharren wollte nicht aufhören. Aus Stunden wurden Tage, in denen die Dreierwalder aus Angst ihre Schutzräume nicht verließen. Ihre Geduld wurde auf eine schwere Probe gestellt, da die Bunker für einen längeren Aufenthalt nicht ausgelegt waren.

Erst am 5. April gelang es den Alliierten, bis nach Dreierwalde vorzudringen und den Ort zu befreien. Damit war die nördliche Flanke der Hauptkampflinie zwischen Münster und Rheine ebenfalls eingenommen. Acht Höfe brannten nach Panzerbeschuss nieder. Auf beiden Seiten der Front gab es große Verluste an Menschenleben.

** DER WEHRMACHTSBERICHT MELDET**

5. April 1945 „... Im Nordabschnitt der Westfront stehen unsere Verbände von der Ijssel bis zur Porta Westfalica in erbitterten Kämpfen mit dem überall angreifenden Feind. Nördlich Osnabrück und zwischen dem Teutoburger Wald und dem Wiehengebirge konnte der Gegner unter empfindlichen Verlusten weiter Raum gewinnen. In die Stadt Münster sind die Amerikaner eingedrungen. Im Gebiet südlich davon behauptet sich eine eigene Kampfgruppe gegen konzentrische Angriffe.

Ibbenbüren wird zum Kampfgebiet

Die deutschen Soldaten flohen aus dem Teutoburger Wald und verschanzten sich in den Häusern der gesamten Bergmannsstadt Ibbenbüren

Ab dem 3. April feuerten über 40 Artilleriegeschütze im Viertelstundentakt ihre Granaten auf die Stadt, wobei sich deren Ziel jeweils 10m weiter nach vorne schob. Anschließend rückte englische Infanterie mit Gewehren und Flammenwerfern nach und hielten ihre langen Feuerstrahlen in jeden Keller.
Zusätzlich schossen die Kanonen der englischen Panzer in die Gebäude und verwandelten sie in brennende Ruinen.

130

Die deutschen Offiziersanwärter dachten trotz aussichtsloser Lage nicht an Aufgabe. Mit ihren Maschinengewehren und Handfeuerwaffen verwickelten sie immer wieder die englischen Soldaten in Häuserkämpfe. Erst nach drei Tagen erreichte die englische Militärwalze die im Norden der Stadt verlaufende Eisenbahnlinie.[81]

1470 Häuser wurden durch Tausende von Granaten zerstört. Man zählte auf deutscher Seite insgesamt 408 Gefallene und 158 Verwundete.

Am 7. April 1945 war das in der Bevölkerung lang ersehnte Ende der Hauptkampflinie zwischen Münster und Rheine gekommen.

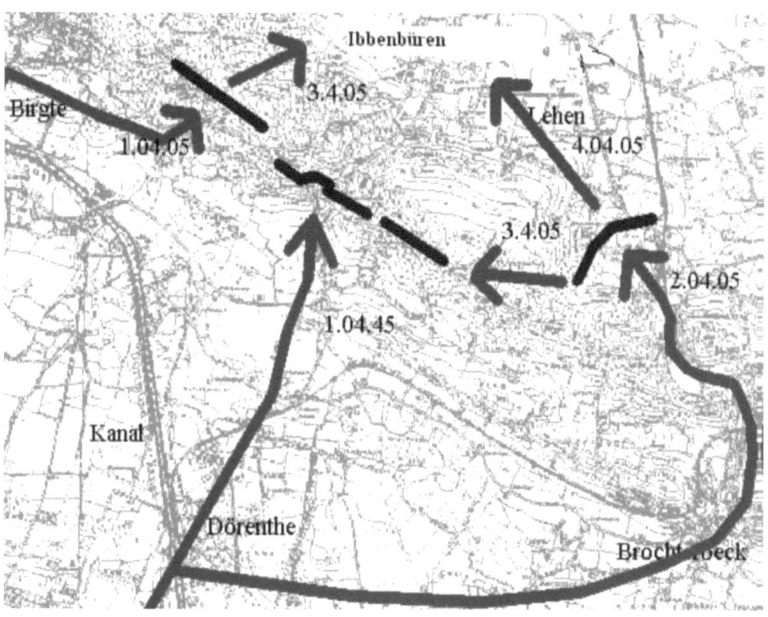

Karte: Vormarsch der Alliierten am Teuto bei Ibbenbüren [82]

[81] Ibbenbüren, Anton Rosen, S.239ff
[82] Dissertation Georg Berkemeier, 2007, S. 256

Vor und nach der Kapitulation vom 8. Mai 1945

8. April 1945: Der Weiße Sonntag

Für die Saerbecker lichtete sich der Nebel der Ungewissheit, der sich über das Dorf gelegt hatte. Sieben Tage lang war das Dröhnen der Front laut und deutlich vom Teutoburger Wald her zu hören gewesen. Viele Bewohner hatten Angst davor gehabt, dass die Front zurückkehren könnte.

Jetzt, wo das Tosen der Front spürbar nachließ, atmete die Bevölkerung wieder auf.

Zudem lockerte die neue britische Militärregierung die bis dahin verhängte Ausgangssperre.[83]

Der Weiße Sonntag, der für alle Christen in der Welt das Ende der Osterwoche markiert und gleichzeitig für den Neuanfang steht, läutete an diesem Tag für die Saerbecker eine neue Zeit ein. Es fanden erstmals wieder die Heiligen Messen statt und am Nachmittag lud der Dechant seine Kirchengemeinde zur Dankandacht ein.[84]

 DER WEHRMACHTSBERICHT MELDET

10. April 1945 „... Zwischen Lingen und der unteren Weser wurden neu herangeführte Verbände dem vordringenden Feind entgegengeworfen."

---

[83] Schreiben vom 06.04.1945; Bürger dürfen zwischen 7 Uhr und 21:30 Uhr ihre Wohnungen wieder verlassen, dürfen sich jedoch nur in einem Radius von 5 km von der Wohnung entfernen.

[84] Erinnerungen Else Prinz

10. April 1945: Elektrizität kehrt zurück
Nachdem elf Tage lang keine Glühbirne mehr gebrannt und kein Elektromotor sich mehr gedreht hatte, kehrte die Stromversorgung wieder nach Saerbeck zurück und mit ihr ein erstes Stück Normalität.

11. April 1945: Beisetzung der Gefallenen
Dechant Beuing erhielt von der neu eingesetzten englischen Militärverwaltung die Erlaubnis, die Getöteten in geweihter Erde zu bestatten. Alle Leichen wurden exhumiert und anschließend auf einem Flachwagen zum örtlichen Friedhof gefahren.

Foto: Frisch hergerichtete Grabstätte der gefallenen Soldaten und Flakhelfer zu Ostern 45   Quelle: Privatarchiv Toni Adrian

Wolfgang, der getürmte Luftwaffenhelfer, der sich immer noch in der Schmiede der Familie Sommer versteckt hielt, stand am Dachfenster seines Verstecks. Er beobachtete, dass viele Dorfbewohner ein Spalier bildeten, als der Leichenzug über die Grevener Straße auf die Kirche zurollte. Aufgrund der Spekulationen, die dem Dechant Beuing über die mögliche Todesursache zugetragen wurden, untersuchte er vor der erneuten

Beisetzung der Gefallenen die Leichen und notierte auffällige Schussverletzungen.

Nicht alle Personalien der Getöteten waren sofort bekannt. Zur eindeutigen Identifikation wurden für die Toten, bei denen keine Ausweispapiere gefunden wurden, zunächst die vorhandenen Daten der Erkennungsmarken in die Exhumierungsliste eingetragen. Später wurden bei diesen Getöteten der Name, das Geburtsdatum und der Geburtsort in der Liste ergänzt.

Gemäß den Exhumierungsunterlagen wiesen 15 der 18 in der Flakstellung Getöteten einen Kopfschuss auf. Das nährte weiter die Gerüchte über eine Hinrichtung der Jugendlichen, die sich über die Jahrzehnte hartnäckig hielten und nie verstummten.

Die Auswertung der Zeugenberichte lieferte hingegen keine Informationen über eine Hinrichtung innerhalb der Flakstellung. In keinem Zeugenbericht finden sich Hinweise auf eine durchgeführte Massenerschießung. Es gibt nur eine Zeitspanne von fünfzehn Minuten, zu denen es keine Augenzeugenberichte gibt. Hierbei handelt es um die Phase der Erstürmung der Flakstellung durch alliierte Infanterie am Ostersonntag gegen 11 Uhr. Die Nachbarn wiesen übereinstimmend darauf hin, dass die in der Flakstellung Getöteten zum Teil sehr arg zugerichtet aussahen und sie die Leichen in der gesamten Flakstellung weit verstreut fanden. Die offensichtlichen Verletzungen hatten vermutlich umherfliegende Granatsplitter verursacht.

Auf eine Besonderheit sei noch hingewiesen. Zeugenaussagen berichten, dass Luftwaffenhelfer Harald Gustke (Harry) bereits in der Nacht zum Karsamstag im Schlaf durch einen Granatsplitter getötet wurde. In den Exhumierungsunterlagen ist vermerkt, dass auch seine Leiche einen Kopfschuss aufwies. Eine Hinrichtung als Ursache ist definitiv auszuschließen.

	Die nachfolgenden Personen fanden in Saerbeck zu Ostern auf dem Schlachtfeld am Hof Richter den Tod				
Nr	Name	Geburtsdatum	Geburtsort	Status	Verwundung
1	Alfred Frömel	10.11.1928	Eisenberg Mährisch	Flakhelfer	Kopfschuss
2	Albert Elberfeld	26.06.1927	Gladbeck	Flakhelfer	Herzschuss
3	Karl Müller	13.10.1899	Offenbach	unbekannt	Kopfschuss
4	Paul Czarnetzki	26.06.1922	Allenstein/ Königsb.	unbekannt	Kopfschuss
5	Franz Dick	10.01.1928	Düren	Flakhelfer	Kopfschuss
6	Werner Müller	20.12.1928	Lüdenscheid	Flakhelfer	Herzschuss
7	Gottfr. Coenen	25.12.1901	Duisburg	Kanonier	Kopfschuss
8	Willi Kaminski	25.09.1900	Braunsberg	Kanonier	Kopfschuss
9	Günter Karl Bosch	24.02.1928	Dortmund	Flakhelfer	Kopf- Unterleibsschuss
10	Arno Wedwing	06.02.1929	Berlin Johannestal	Flakhelfer	Schulterschuss
11	Harald Gustke	10.12.1928	Berlin Rudow	Flakhelfer	Kopfschuss
12	Willi Korten	11.05.1928	Essen	Flakhefer	Kopfschuss
13	Ernst Dittrich	05.02.1923	Breslau	O.Gefr.	Kopfschuss
14	Fred Erdmann	01.10.1928	Landsberg	Flakhelfer	Kopfschuss
15	Anton Brüggenthies	02.06.1928	Wadersloh	Flakhelfer	Herz- u.Kopfschuss
16	Willfried Rodefeld	10.01.1928	Dortmund Barup	Flakhelfer	Kopfschuss
17	Willi Fahrtmann	01.07.1928	Aschendorf	Flakhelfer	Kopfschuss
18	Georg Liebern	17.03.1928	Dortmund-	Flakhelfer	Kopf- Herzschuss

Die nachfolgenden Personen fanden in Saerbeck zu Ostern außerhalb der Flakstellung Richter den Tod				
Nr	Name	Geburtsdatum	Geburtsort	Status
19	Fritz Grönig	25.06.1928	Essen	Flakhelfer
20	Kurt Bösken	03.07.1928	Eisenwerden	Flakhelfer
21	Dr. Walter Sittig	02.08.1896	Frankfurt a.M.	Obertsleut.
22	Karl Winzing	08.03.1909	Prenzlau	O.Gefr.

Quelle: Kirchenarchiv der Pfarrgemeinde Saerbeck

Der britische Major John Albert Watts erlag zwei Tage später (03.04.) im Alter von 27 Jahren seinen Schussverletzungen. Er wurde zunächst am Hof H. Dorfbauerschaft 38 beerdigt, wo er bis zu seiner Umbettung, die erst einige Jahre später durchgeführt wurde, verblieb. Nachweislich ab Mitte der 50er Jahre liegt er noch heute im Reichswald am Niederrhein bei Kevelar begraben.

Es finden sich keine Hinweise zu den näheren Umständen in den untersuchten Akten zu Fritz und Kurt. Es liegt die Vermutung nahe, dass sie in der provisorischen Flakstellung in Sinningen zu Tode gekommen sind.

Der Obergefreite Karl Winzing starb als Kradfahrer zusammen mit Oberstleutnant Dr. Walter Sittig in Sinningen/ Abzweig Elte. Zunächst am Straßengraben beerdigt, fanden sie bereits am 11.04.1945 ihre endgültige Ruhestätte auf dem Friedhof in Saerbeck.

Als wahrscheinlich gilt, dass alliierte Infanteristen bei der Erstürmung der Flakstellung auf alle Personen geschossen haben, die eine deutsche Uniform trugen und keine weißen Tücher schwenkten.

Bekannt ist, dass die alliierten Soldaten Angst hatten, bei einer Erstürmung einer deutschen Stellung noch von vermeintlich tot geglaubten deutschen Soldaten erschossen zu werden und daher zum eigenen Schutz entsprechend handelten.

Das Foto wurde aufgenommen direkt nach der Beisetzung am 11.April 1945   *Quelle: Privatarchiv Toni Adrian*

Bei der Beerdigung auf dem Friedhof nahm die Bevölkerung großen Anteil, denn etliche der getöteten Berliner Luftwaffenhelfer hatten sich mit der weiblichen Dorfjugend angefreundet.
Anschließend wurden Fotoaufnahmen gemacht und vervielfältigt, um den trauernden Müttern und Vätern ein tröstendes Bild senden zu können. Die Kränze auf den Bildern wurden extra dazu von anderen Gräbern entliehen, um die Grabstelle für die Fotoaufnahme zu verschönern. [85]

---

[85] Zeitzeuge Toni Adrian

138

Noch im Jahre 1945 spendete die Bevölkerung durch eine Kollekte in der Kirche so viel Geld, dass eine Gedenktafel für das Soldatengrab in Auftrag gegeben werden konnte.

 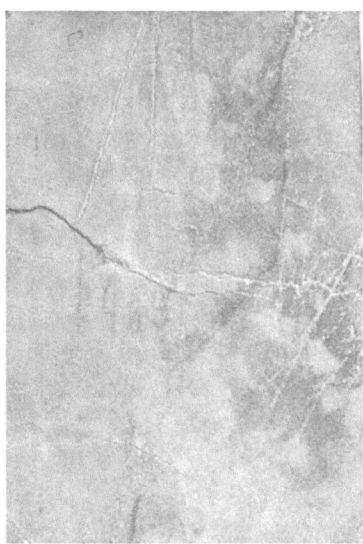

Dieses Blut verschmierte Foto, das bei der Umbettung aus der Uniformjacke fiel, zeigt auf der Vorderseite den getöteten Flakhelfer. Die Rückseite ist getränkt von seinem Blut. Aus Rücksicht auf die Angehörigen ist das Foto in Saerbeck geblieben.

Ende April 1945

Seit über drei Wochen hausten nun schon Franz und Kuddel in einer Erdhöhle in Pröbstings Heide. Sie trauten sich nicht, ihre Uniform auszuziehen, da sie Angst hatten, sonst möglicherweise bei einer Gefangennahme als Partisanen erschossen zu werden.

Mittlerweile war eine britische Militärkommandantur eingerichtet worden, die die Verwaltung des Dorfes übernahm.

Ursels Vater wandte sich an den Kommandanten mit der Bitte, er möge ihm doch für den Wiederaufbau seiner Molkerei Arbeitskräfte zur Verfügung stellen, um die Versorgung der Bevölkerung mit Lebensmitteln zu verbessern. Als der Kommandant ihn ratlos ansah, sagte er: „Ich habe von zwei jungen Soldaten gehört, die sich hier im Felde schon seit drei Wochen versteckt halten. Die könnte ich als Molkereihelfer gut gebrauchen." Der Kommandant stimmte zu. Freudestrahlend lief Ursel in den Wald, um Franz und Kuddel endlich wieder in die Zivilisation zurückzuholen.

Franz und Kuddel bekamen den Status von englischen Kriegsgefangenen, durften Saerbeck nicht verlassen und wurden zur Arbeit in der Molkerei verpflichtet.
Dem Beispiel folgend setzte sich die Familie Boner für Wolfgang ein. Auch er konnte jetzt sein Versteck beim Schmied Sommer verlassen, brauchte aber nicht in englische Gefangenschaft, da er noch zu jung war. Er fand Arbeit und ein neues Zuhause als Landwirtschaftshelfer auf dem Hof Richter.

5. Mai 1945
Ein Wanderer, der sich an diesem Tag auf den Weg über den Teuto von Brochterbeck nach Tecklenburg machte, staunte nicht schlecht, als fünf deutsche Soldaten mit Gewehren und Handgranaten bewaffnet vor ihm aus dem Busch auftauchten. Die Gefechtsgruppe konnte nicht glauben, dass der Krieg hier bereits seit fünf Wochen zu Ende war. Sie hatten sich die ganze Zeit im Wald versteckt gehalten und sich von eigenen Vorräten und der eisernen Ration ernährt. Nach gründlicher Aufklärung entschieden sie sich, den direkten Weg in die Heimat anzutreten. [86]

---

[86] Brochterbeck, F.E. Hunsche 1969, S. 203

8. Mai 1945

Mit dem Ende der Diktatur und der Gewaltherrschaft, dem dunkelsten Kapitel der deutschen Geschichte, begann eine neue Zeit mit einem neuen Anfang. Mit der Kapitulation am 8. Mai wurde Deutschland in vier Besatzungszonen aufgeteilt.

Das Münsterland hatte das Glück, zur britischen Zone zu gehören, denn die Briten gaben den Deutschen schon frühzeitig die Möglichkeit, weitgehend selbst zu bestimmen, wie sie sich organisieren wollten.

Am Anfang standen die Besatzungsmächte vor ungeheuren Schwierigkeiten. Das erste war die Zurückführung der über 6 Millionen Kriegsgefangenen und Zwangsarbeiter. Doch nicht alle gingen oder konnten gehen. Etwa 1 Million Menschen blieb zurück, da sie die Willkür in den mittlerweile kommunistisch gewordenen Heimatländern fürchtete. Ukrainern und Russen drohte gar bei Rückkehr der Tod. Für sie brauchte man dringend Wohnraum. Allein im Raum Greven/Saerbeck/Emsdetten gab es 7000 ehemalige Zwangsarbeiter, die eine Bleibe suchten. Viele von ihnen waren zuvor am Dortmund-Ems-Kanal eingesetzt worden. Um hier Abhilfe zu schaffen, wurden in Greven und Reckenfeld etwa 500 Häuser evakuiert und anschließend den ehemaligen Zwangsarbeitern zur Verfügung gestellt. Schnell zeigte sich jedoch, dass das nicht ausreichte. Frustration und unzureichende Versorgung führte dort zu Aggressionen und Kriminalität. Wegen der mangelnden Versorgung organisierten sich ganze Banden, die sich auf nächtlichen und täglichen Beutezügen das holten, was sie benötigten. Es gab Mord und Todschlag, Vergewaltigung, Diebstähle und Brandstiftung. Die Überfälle auf Bauernhöfe waren oftmals Racheakte auf unmenschliche und ungerechte Behandlung von Kriegsgefangenen. Aber viele ehemalige Zwangsarbeiter kehrten auch auf die Höfe zurück, auf denen sie gearbeitet hatten.

Sie schützten dort mit ihrer Fürsprache die Bauernfamilien vor Plünderung der umherirrenden Banden.

Herbst 1945

Im Herbst 1945 wurde Jupp nach Aufenthalten in Kriegsgefangenenlagern in Brüssel und Antwerpen nach Münster geschickt und dort offiziell aus der Kriegsgefangenschaft entlassen. Jupp war wie vom Donner gerührt, als ihm der Beamte mitteilte, dass er ihm maximal eine Zugfahrkarte bis zur deutschen Grenze ausstellen könne. Eine Weiterreise in seine Heimat, der Tschechoslowakei, wäre nicht mehr möglich, da die Staatsgrenze geschlossen worden sei.

Enttäuscht und allein auf sich gestellt, schloss sich Jupp einem Landsmann an, den er noch aus der Gefangenschaft kannte. Mit ihm ging er zunächst nach Lüdenscheid, wo dieser Verwandte hatte. Hier erhielten sie eine erste provisorische Unterkunft.

Dank der Unterstützung einer Altkleiderkammer tauschte Jupp nun endlich seine Uniform durch Zivilkleidung aus. Mit Gelegenheitsarbeiten als Bauhilfsarbeiter verdiente er zumindest so viel Geld, dass er ein winziges Zimmer bezahlen und Essen kaufen konnte. An die Aufnahme eines Studiums war nicht zu denken.

Jupp fühlte sich einsam und verloren. Ihm fehlte seine Familie, er vermisste seine Freunde. Er sehnte sich nach Zuhause. Im Februar 1946 packte er seine Sachen und machte sich auf den Weg in Richtung Mährisch-Schönberg. Mit ein bisschen Glück durchquerte er zunächst die englische und dann die amerikanische Besatzungszone.

Doch wie sollte er nun in die Tschechoslowakei einreisen? Er nahm Briefkontakt zu seiner Tante auf, von der er wusste, dass sie die ehemalige Sekretärin eines Juristen war, der nun den Posten des stellvertretenden Nationalratspräsidenten bekleidete.

Wieder hatte Jupp Glück. Nach ein paar Wochen, die er in einem Grenzstädtchen in der amerikanischen Zone ausharren musste, erhielt er tatsächlich die Einreiseerlaubnis in die Tschechoslowakei. Es war nur ein kleines Zettelchen, in englischer Sprache verfasst, das sowohl die Ausreiseerlaubnis aus der amerikanischen Zone als auch die Einreiseerlaubnis in die Tschechoslowakei enthielt. Beim Vorzeigen an der Grenze verursachte dieses schlichte Stück Papier viel Verwunderung, zumal die Grenzbeamten der englischen Sprache nicht mächtig waren. Doch die beglaubigten Stempel wirkten. Der Grenzbalken öffnete sich für Jupp.

In der Heimat angekommen musste Jupp schnell feststellen, dass sie nicht mehr so war, wie er sie verlassen hatte.

Dann erfuhr er von seiner Tante, dass sein Vater bereits seit einem Jahr tot sei. Sein Vater, ein überzeugter Tscheche, war groteskerweise zu Tode gekommen, als tschechische Partisanen seine Lok umgekippt hatten.

Doch Jupp musste noch einen weiteren Schicksalsschlag verkraften. Seiner geliebten Mutter ging es schlecht. Der Verlust ihres Mannes und die Ungewissheit, ob ihr Sohn Jupp überhaupt noch lebt, hatte sie in den Wahnsinn getrieben. Sie musste in die geschlossene Abteilung der städtischen Psychiatrie eingewiesen werden.

Fremd und allein in der eigenen Heimat riet man Jupp, seine deutsche Vergangenheit zu vergessen, was er auch in der Öffentlichkeit tat.

Reserve - Lazarett   Mettingen, den 17.9.1945
Ibbenbüren/Mettingen   St.Agathastift.

Herrn
Alfred Frömel
E i s e n b e r g , Nr. 112
Krs. Mähr.-Schönberg/Ostsudeten

                    Sehr geehrter Herr Frömel!

        Ich habe die traurige Pflicht, Ihnen und Ihrer
Frau Gemahlin mitteilen zu müssen, dass Ihr Sohn, der Lw.
Oberhelfer (ROB) Alfred Frömel, in den Kämpfen um Saerbeck
über Ibbenbüren, am 1.Ostertag 1945, so schwer verwundet
wurde, dass er seinen Verletzungen sofort erlegen ist.
        Er wurde mit 26 anderen Kameraden zusammen am
11.4.45. auf dem Gemeindefriedhof in Saerbeck in einem
Gemeinschaftsgrab zur letzten Ruhe gebettet.

        Zu dem schweren Verlust, der Sie und Ihre Frau
Gemahlin durch den Heldentod Ihres lieben Jungen betroffen hat, spreche ich Ihnen meine herzliche Teilnahme aus.

                        Ich grüße Sie!
                        Ihr

                        Oberfeldarzt und Chefarzt.

144

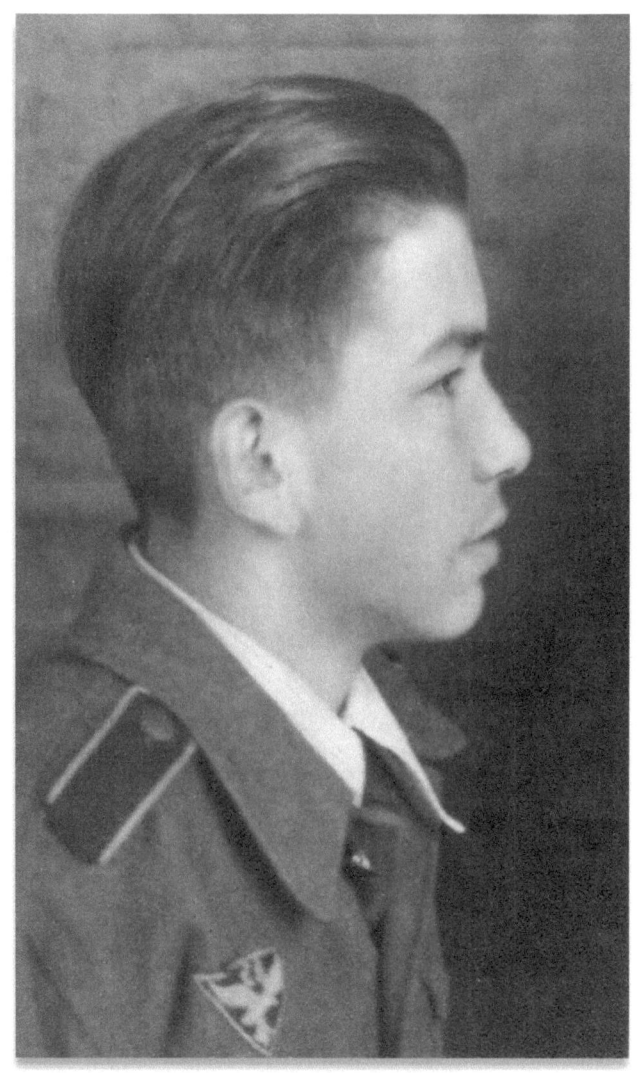

Foto von Fredel aus dem Wehrpass
Quelle: Privatarchiv Familie Bickel

Sommer 1946

Nach über einem Jahr des Hoffens und Bangens erfuhr Fredels Mutter auf ihre Anfrage vom 20.06.1946, gerichtet an Dechant Beuing von der Kirchengemeinde Saerbeck, eine Woche später vom Tod ihres Sohnes.

Saerbeck, 26.6.1946

Sehr geehrte Frau Frömel!
Auf Ihre Anfrage vom 20.06.1946 muss ich Ihnen eine für Sie höchst schmerzliche Auskunft geben. Bleiben Sie stark. Ich muss Ihnen mitteilen, dass Ihr Sohn Alfred Frömel, geb. 10.12.1928, am 1.4.1945 beim Kampf um eine hiesige Flakstellung mit 17 anderen Kameraden gefallen ist. Kopfschuss! Nachdem er zunächst auf Befehl des Engländers auf dem Schlachtfelde begraben war, haben wir ihn mit seinen Kameraden am 11.4. auf unserem Friedhof in einem Massengrab mit allen kirchlichen Ehren unter großer Beteiligung der Gemeinde beerdigt und am folgenden Tage sein Seelenamt gehalten.

Er hatte nur sein Soldbuch bei sich, das mit den Sachen der Übrigen vom hiesigen Amt an das Reserve-Lazarett Mettingen i.W. gesandt wurde. Ich sehe sein Bild, das ich Ihnen wieder zurückschicke, und begreife Ihren Mutterschmerz. Eben erst 16 Jahre alt! Diese Jugend in den Tod treiben für eine verlorene Sache! Ein größerer Wahnsinn ist nicht denkbar. Möge der liebe Gott Sie trösten.

Saerbeck, 26.6.1946.
Beuing Dech.

147

Offizielle Todesnachricht des Standesamtes Ibbenbürenan die Adresse der Mutter im Westen

Herbst 1946

Familie Frömel wohnte mittlerweile in Frankfurt. Als Sudentendeutsche flohen sie am Ende des Krieges aus ihrer Heimat nach Westdeutschland.

Nachdem auch Fredels Vater aus der Gefangenschaft entlassen worden war, unternahm Familie Frömel im Oktober 1946 ihre erste gemeinsame Reise zum Grab ihres Sohnes, der einen Monat später seinen achtzehnten Geburtstag gefeiert hätte. Die Familie hatte ein zweites Mal nun einen Sohn Alfred verloren. Ihr erster Sohn Alfred war im Alter von zwei Jahren gestorben. Als sich dann nochmals männlicher Nachwuchs einstellte, wurde auch der zweite Sohn auf den Namen Alfred getauft.

Der Vater von Fredel konnte Zeit seines Lebens den Verlust seines geliebten Sohnes nicht überwinden. Er war in seiner eigenen Traurigkeit gefangen, die er nicht abschütteln konnte.

Fredels Schwester besuchte im Spätsommer 1962 mit ihrem Mann und der Tochter (Frau Bickel) ihren Bruder auf dem Saerbecker Friedhof (siehe Bild unten).

Foto: Das Foto zeigt Fredels Schwester mit Mann und Kind
Quelle: Privatarchiv Bickel, Bad Homburg

Für Jupp sollten noch vierzehn weitere Jahre vergehen, bis auch er es schaffte, ebenfalls an dieser Stelle zu stehen und zu trauern.

1992 fand in Saerbeck ein Treffen der überlebenden Angehörigen der Flakstellung Richter statt. Die ehemaligen Soldaten und Flakhelfer waren am Grab ihrer gefallenen Kameraden tief gerührt.

Wenn die Hoffnung wie eine Seifenblase platzt

Noch immer stand Jupp regungslos vor dem Soldatengrab aus dem 2. Weltkrieg, in dem deutlich sichtbar der Name seines Freundes auf dem Grabmal eingraviert war.

„Ich habe dich gefunden, doch eigentlich habe ich dich, mein Freund, Ostern 1945 hier für immer verloren", sagte er schließlich zu sich selbst, zog aus der Jackentasche einen Fotoapparat, um mehrere Bilder als Erinnerung zu machen. Er brauchte sie für sich als stillen Beweis, dass seine traurige Vermutung nun eine Tatsache war.

Franz, der immer noch schweigend neben ihm stand, konnte mitfühlen, wie es Jupp jetzt ging.
Am Ostersonntag 1945 hatten Jupp, Fredel, Kuddel und Franz sich nur um wenige hundert Meter verpasst. Tief gerührt verließen beide den Friedhof.
Die Zeit drängte bereits, denn Jupp musste über vier Stunden auf der Autobahn zurückfahren, um auf die vorgegebene Reiseroute zu gelangen. Um eventuellen Schwierigkeiten von der Staatssicherheit vorzubeugen, hinterließ er weder Namen noch Adresse. So blieb Jupp für Franz noch weitere 31 Jahre der Unbekannte aus dem Osten, der seinen Freund gesucht und hier gefunden hatte.

Erst 2007, nachdem der „Eiserne Vorhang" schon lange gefallen war, besuchte Jupp den Ort ein zweites Mal. Diesmal gab er sich seinem damaligen Begleiter Franz mit seinem Namen zu erkennen: Josef Chovanec.

Josef Chovanec hat im Januar/Februar 2018 den hier vorliegenden Text ins Tschechische übersetzt, sodass seine Geschichte nun auch seinen tschechischen Verwandten zugänglich ist.

Das Foto zeigt eine Flakstellung 1945 in Münster[87]

---

[87] Foto JoBe entstand im Stadtmuseum Münster

Wolfgang Voigt

Wolfgang Voigt, geboren am 10.12.1928 in Berlin. Als Oberschüler kam er Ende 1943 aus der Kinderlandverschickung zurück zu den Eltern nach Berlin. Gerade 16 Jahre alt geworden, erhielt er Anfang 1944 die Einberufung als Luftwaffenhelfer und wurde zunächst in und um Berlin eingesetzt. Über die Weihnachtstage 1944 wurden seine Mitschüler und er nach Saerbeck verlegt.

Foto: v.r. Wolfgang Voigt, Mitte Konrad Schulz links: ?

Wolfgang überlebte das Kriegsende in Saerbeck, da er sich bei Familie Boner in der Marktstr. verstecken konnte. Nach Kriegsende blieb er zunächst als landwirtschaftlicher Helfer auf dem Hof Richter. Ab 1951 absolvierte Wolfgang eine kaufmännische Ausbildung in Münster. Dort fand er auch eine Wohnung. Nach der Lehrzeit arbeitete Wolfgang als kaufmännischer Angestellter in Münster und blieb dort wohnen.
Bis ins hohe Rentenalter besuchte er regelmäßig sonntags Familie Richter, der er so viel verdankte. Wolfgang Voigt verstarb mit 79 Jahren am 26.02.2018.

Harald Gustke

Harald Gustke, geboren am 10.12.1928 in Kashagen.

Als Berliner Oberschüler wurde Harald Ende 1944 zusammen mit Lutz, Wolfgang und seinen anderen Mitschülern nach Saerbeck verlegt.
Harald (Harry) überlebt das Kriegsende nicht. Er wurde am 31.03.1945 von einem Granatsplitter tödlich getroffen.

Erst ein halbes Jahr später erfuhr die Familie Gustke vom Verbleib ihres Sohnes. Nachstehend das erhaltene Schreiben der Mutter.

Berlin –Rudow den 10.11.1945
Hochwürden!
Eine besorgte, bangende Mutter wendet sich nun an Sie mit der Bitte um Aufklärung über ein Soldatengrab. Ich habe von einem ehemaligen Angehörigen der Flak-Batterie, die in Saerbeck gelegen hat, erfahren, dass daselbst ein Soldatengrab sich befindet. In diesem Grab ruhen 20 oder 22 Luftwaffenhelfer, deren Bestattung Sie Hochwürden übernommen haben. Mein Sohn Harald war auch als Luftwaffenhelfer dort am Standort.
Er ist am 10.12.28 in Kashagen, Kreis Saatzig in Pommern geboren und hatte die Feldpost Nr 62049, die letzte Nachricht war von meinem Sohn vom 22. März.
Ich bitte Sie Hochwürden mir mitzuteilen, ob mein Sohn unter den gefallenen Kameraden in diesem Grabe ruht. Diese Ungewissheit ist quälend und furchtbar.

Für alle Liebe und Mühe danke ich Ihnen Hochwürden im Voraus.

Frau Herta Gustke
Berlin Rudow

Alfred Frömel

Alfred Frömel wurde am 10.11.1928 in Kratzdorf (Chrastice) als Sohn des Schulleiters Alfred Frömel und seiner Frau Hermine geboren.

Alfred (Fredel) besuchte ab 1934 zunächst die Dt. Schule in Eisenberg und ab Sept. 1939 die Oberschule in Mährisch-Schönberg (Sumperk).Dort lernte er auch seinen Klassenkameraden Josef Chovanec (Jupp) kennen.

Vor Weihnachten 1943 ging er zur Musterung und wurde für die Flak einsatzfähig eingestuft. Ab Januar 1944 wurde er als Luft-waffenhelfer eingezogen und zunächst in Oberschlesien eingesetzt. Weihnachten 1944 war er ein letztes Mal im Urlaub zu Hause. Zurück an der Front begann ab Januar 1945 die Flucht vor dem russischen Militär in Richtung Westen. Von Bochum-Stiepel aus wurde er als Luftwaffenhelfer Ende Februar 1945 nach Saerbeck verlegt. Dort verlor er im Rahmen der Eroberung der Flakstellung Richter am 1. April 1945 sein Leben.

Am selben Tag wurden seine Mutter und seine Schwester aus dem Sudetenland vertrieben. Der Vater wurde beim Einmarsch der Russen in Eisenberg verhaftet und wurde für über ein Jahr in einem Lager festgehalten. Ende Juni 1946 erhielt die Familie Frömel den traurigen Brief von Dechant Beuing, dass ihr Sohn Ostern 1945 beim Kampf um die Flakstellung Richter sein Leben verloren hatte.

Josef Chovanec

Josef Chovanec wurde am 17.06.1928 in Mährisch Schönberg (Sumperk) als Sohn eines tschechischen Bahnarbeiters und einer Sudentendeutschen geboren.

Josef (Jupp) besuchte ab 1934 zunächst die Volksschule und ab September 1939 die Oberschule in Mährisch-Schönberg (Sumperk). Dort lernte er auch Alfred Frömel kennen.
Vor Weihnachten 1943 ging er zur Musterung und wurde für die Flak einsatzfähig eingestuft. Ab Januar 1944 wurde er als Luftwaffenhelfer eingezogen und zunächst in Oberschlesien eingesetzt.

Klassenfoto von 1943: Josef Chovanec ist links außen vorne im Bild zu sehen

Weihnachten 1944 war er ein letztes Mal im Urlaub zu Hause. Zurück an der Front begann ab Januar 1945 die Flucht in Richtung

155

Westen. Von Bochum-Stiepel aus wurde er Ende Februar 1945 nach Saerbeck verlegt. Er überlebte am 1. April 1945 die Eroberung der Flakstellung Richter, da er aus ihr flüchten konnte. Anschließend geriet er in Gefangenschaft, aus der er im Herbst 1945 entlassen wurde. Von Heimweh geplagt, kehrte Josef Chovanec im Frühjahr 1946 nach Mährisch Schönberg zurück.

Nach Abitur und Studium der Elektrotechnik arbeitete er als Ingenieur in einer Elektronenröhrenfabrik. Doch nach sieben Jahren entdeckte die Staatssicherheit seine deutschen Wurzeln. Entlassung und Arbeitslosigkeit folgten.[88] Nach einem halben Jahr Arbeitslosigkeit bekam er dann eine schlecht dotierte Stelle als Werkselektriker in einer Schuhfabrik zugewiesen. 1968 hatte er sich wieder zum Techniker hochgearbeitet.
Erst Mitte der Siebziger Jahre eröffnete sich ihm die Gelegenheit, Saerbeck zu besuchen. 2007 folgte ein zweiter Besuch. Seit 2016 besteht Briefkontakt mit dem Heimatverein.

Paul Postmeyer

Paul Postmeyer wurde am 10.08.1928 in Hörstel geboren und erlebte seine Kindheit mit fünf Geschwistern auf dem elterlichen Hof. Nach dem Ende seiner Volkschulzeit begann er mit der Ausbildung als Schlosser. Nachdem er im Herbst 1944 gemustert wurde, erhielt Paul im Februar 1945 noch seine Einberufung als Soldat. Nach Einkleidung und Kurzausbildung erfolgte die Order am 1. März 1945 nach Saerbeck in die Flakstellung Richter. Dort arbeitete er als Stubenbursche von Hauptmann von Obentraut. Am Gründonnerstag wurde Paul in eine Flak-Stellung des R.A.D.

---

[88]Siehe Zeitzeugenbericht von Josef Chovanec

156

verlegt.Am Karsamstag geriet er in der Nähe von Gimbte in Gefangenschaft. Nach 10 Tagen auf einer Schlammwiese in Xanten am Niederrhein wurde er nach Ostende in Belgien verlegt.

Die Gefangenschaft endete am 22.06.1945 mit der Entlassung über Münster nach Ibbenbüren.

Allmählich kehrte der Alltag wieder ein. Paul beendete seine Lehre und blieb noch weitere vier Gesellenjahre als Schlosser in seinem ehemaligen Ausbildungsbetrieb. Dann wechselte er zum Wasser- und Schifffahrtsamt nach Bergeshövede. Von 1964 bis zum Renteneintritt 1989 war sein Arbeitsplatz der Flugplatz Hopsten Dreierwalde.[89]

Franz Schuh

Franz hatte Gefallen an Ursel und an seiner Arbeit in der Milchveredelung gefunden. Auch nach dem Ende seiner Kriegsgefangenschaft blieb er in Saerbeck. Er ließ sich im Molkereiwesen ausbilden und erwarb anschließend seinen Meisterbrief. Ursel und Franz wurden ein Paar und heirateten.

Nach dem frühen Tod von Ursels Vater Josef Wierlemann im Jahre 1953 übernahm Franz die Leitung der Molkerei. Diese hatte sein Schwiegervater im Jahre 1932 als seine eigene Privat-Molkerei gegründet, die von den Bauern aus den Bauerschaften Middendorf, der Dorfbauerschaft und teilweise aus Westladbergen mit Milch

---

[89] GAS 278-280 Erinnerungen von Paul Postmeyer

157

beliefert wurde. Bis 1945 verarbeitete die Molkerei täglich bis zu 7000 Liter Milch. Nach dem Kriegsende brach die Milchlieferung zusammen und der Molkereibetrieb konnte nur noch sehr eingeschränkt arbeiten. Trotzdem gelang es Josef Wierlemann,

seine Firma schuldenfrei aus der Krise zu führen, die erst mit der Währungsreform endete.

Franz führte den Familienbetrieb mit Fleiß und Geschick weiter. In den 1960er Jahren erlebte die Molkerei ihre Blütezeit. Sie veredelte bis zu 14000 Liter Milch täglich zu Butter, Quark und vor allem zu Schichtkäse. Milch lieferte die Privat-Molkerei an Firmen wie Glücksklee in Bad Essen, Stork in Halle und weitere Molkereien im Ruhrgebiet. Die Molkerei beschäftigte bis zu 20 Angestellte. [90] Sie war dabei auch Lehrbetrieb. Franz bildete nicht nur im Molkereigewerbe aus. Etliche junge Leute absolvierten bei ihm auch eine Kaufmannslehre.[91] Die Arbeit in der Molkerei war nichts für Langschläfer. Jeden Tag um 3:30 Uhr endete in der Molkerei die Nachtruhe. Die Arbeitsschicht dauerte zwischen 11 und 12 Stunden. Die Konzentration auf dem Milchverarbeitungssektor ging auch an der Saerbecker Molkerei nicht vorüber. Im Jahre 1972 gab sie ihre Selbständigkeit und Produktion auf. Sie fusionierte mit der Molkerei Felix Wierlemann in Recke, in der Franz fortan in der Verwaltung bis zu seinem Renteneintritt arbeitete. Nach einem erfüllten Leben verstarb Franz Schuh am 5. Dezember 2019.

---

[90] Quelle: Zeitungsbericht F. Lüttmann
[91] Quelle: Hildegard Heitmann, geb. Book, Klothilde Berkemeier, geb. Wennemann

158

Konrad Sahorn

Konrad Sahorn wurde im Dorf Burkivtsi in der Ukraine geboren. Er wuchs als Vollwaise bei seiner Verwandschaft auf, nachdem er seine Eltern durch die stalinistische Säuberung verlor. Im Mai 1942 wurde Kinrat im Alter von 15 Jahren durch deutsche Soldaten als Zwangsarbeiter ins Deutsche Reich deportiert.

Nach einer achttägigen Zugfahrt erreichte er Hamm-Heesen, wo er auf einem Zechengelände arbeiten musste. Um den unmenschlichen Bedingungen zu entkommen, floh er nach Münster und fand dort Arbeit als Küchenhelfer. Im Herbst ging er nach Greven, um beim Kohlenhändler Kölker zu helfen. Zusätzlich wurde er häufig nach Münster gebracht, um nach Bombenangriffen beschädigte Häuser, meist Dächer, notdürftig zu reparieren. Ab Herbst 1944 arbeitete er regelmäßig am beschädigten Dortmund-Ems-Kanal.

An Ostern 1945 musste er seine Habseligkeiten packen, um unter Aufsicht von Bewachern vor den Alliierten zu flüchten. Bei der Flucht wurde er auf offener Straße in Kattenvenne von Gewehrkugeln aus einem englischen Tieflieger schwer getroffen. Dank guter Pflege auf einem nahegelegenen Bauernhof verließ er nach drei Tagen sein Krankenlager und marschierte nach Greven zurück, wo er sich im Krankenhaus versorgen ließ. Anschließend wanderte er ziellos von Bauernhof zu Bauernhof, um Arbeit zu finden oder doch zumindest zu Essen zu bekommen.

In Zwischenzeit war russische Geheimpolizei in Greven eingetroffen. Sie hatten die Aufgabe, die vielen ehemaligen russischen Zwangsarbeiter (DP)[92], die im Nordviertel einquartiert waren, in die Heimat zurückzuführen. Ihre Kommandantur hatten sie im Hotel Nettmann, ganz in der Nähe des Bahnhofes,

---

[92] DP = Displaced Person

eingerichtet. Auf einer ihrer Kontrollfahrten durch Greven und Umgebung griffen russische Geheimpolizisten Konrad auf und nahmen ihn zum Verhör mit. Von dort aus gelang es ihm zu flüchten und bei einer Frau Sundermann untergekommen, die ihn ca. 14 Tage versteckte.

Anschließend lief er ihm Schutz der Dunkelheit von Greven nach Saerbeck, wo ihn Heinrich Adrian, ein Lohnunternehmer, aufnahm und ihm Arbeit und Brot gab. Da die Sowjets noch bis 1948 in der Gegend waren, schickte Herr Adrian ihn immer von Bauer zu Bauer und nannte ihn Franz oder Franek, damit man ihn nicht aufspüren und zurück in die Sowjetunion schicken konnte. Konrad wäre gerne in seine Heimat in der Ukraine zurückgekehrt. Er befürchtete zu Recht, dass die Sowjets ihn nicht nach Hause ließen, sondern für Jahre in ein GULAG (Zwangslager in Sibirien) schicken würde.

Vier lange Jahre verbrachte Konrad zwischen Hoffen und Bangen, gedeckt durch die Saerbecker Bevölkerung. Aus Kindrat wurde Franz oder Franek. Erst mit Gründung der Bundesrepublik normalisierte sich sein Leben, weil damit verbunden die sowjetischen Besatzungselemente endgültig keinen Zugriff mehr auf ehemalige Zwangsarbeiter hatten.

Konrad bliebt beim Lohnunternehmer Adrian noch bis zu seinem Unfall 1960, bei dem ihm ein zurückschlagendes „Schwungrad" eines Lanz-Bulldog ein Handgelenk zertrümmerte. Danach war er bis zu dessen Schließung bei Liesenkötter Tönmöbel beschäftigt. Er war in der Produktion, viele Jahre als LKW-Fahrer und bis zum Schluss noch im Wachdienst mit Gustav Weinert tätig. Konrad konnte in Saerbeck Wurzeln schlagen. Sein Heimatdorf in der Ukraine hat er Zeit seines Lebens jedoch nicht wieder besucht.[93]

---

[93] Erinnerung von Familie Sahorn

160

John Albert Watts

John Albert Watts wuchs in Bishopstoke, Hamphire in England als Sohn von John und Gwendoline Watts auf.[94]

Als Träger der Auszeichnung „Military Cross" war John Albert für die Engländer ein echter Kriegsheld. Das Military Cross ist eine militärische Auszeichnung des Vereinigten Königreichs, die an Angehörige der britischen Armee für ausgezeichneten und verdienstvollen Einsatz beim Kampf verliehen wird. Nach dem Victoria-Kreuz und dem Conspicuous Gallantry Cross ist es die dritthöchste Tapferkeitsauszeichnung der britischen Streitkräfte, die sich nur Angehörige des Heeres verdienen können. Major Watts erwarb sich seine Auszeichnung während der Eroberung der Normandie Mitte Juli 1944. Durch wagemutige und geschickte Führung von Major Watts konnte dessen Geschwader ein französisches Dorf trotz eines übermächtigen Gegners über 24 Stunden halten, bis eigene Verstärkung eintraf. Als Kommandant eines Panzerspähwagens wurde er am 01. April 1945 bei der Eroberung der Flakstellung Richter durch eine Gewehrkugel, die aus der Flakstellung abgefeuert wurde, schwer getroffen. An den Folgen seiner Verletzung verstarb er noch vor Ort nur zwei Tage später, am 03.04.1945 im Alter von 27 Jahren. In der Nähe des

---

[94] https://www.tankmuseum.org/museum-online/medals/recipient/B13282

161

Schlachtfeldes (am Hof Heitmann, Dorfbauerschaft 38)[95] wurde J.A. Watts zunächst in einem Soldatengrab beigesetzt.

Seine letzte Ruhestätte fand John Albert Watts als Major des 3rd Royal Tank Regiment, R.A.C. auf dem Britischen Ehrenfriedhof im Reichswald "REICHSWALD FOREST WAR CEMETERY" am Niederrhein bei Kevelar. Lage des Grabes: 55.E.1[96]

Fotos: Britischer Soldatenfriedhof Reichswald Forest[97]

---

[95] Siehe GAS Nachweis der allierten Personen, die in der Gemeinde Saerbeck beerdigt sind vom 2.Dez. 1946

[96] https://www.cwgc.org/find-war-dead/casualty/2046783/watts,-john-albert/#&gid=null&pid=1
J.A.Watts: Britische Soldaten-Personal ID Nr.: 160005

[97] Category:Reichswald Forest War Cemetery – Wikimedia Commons

162

Lutz (Luigi) Colani

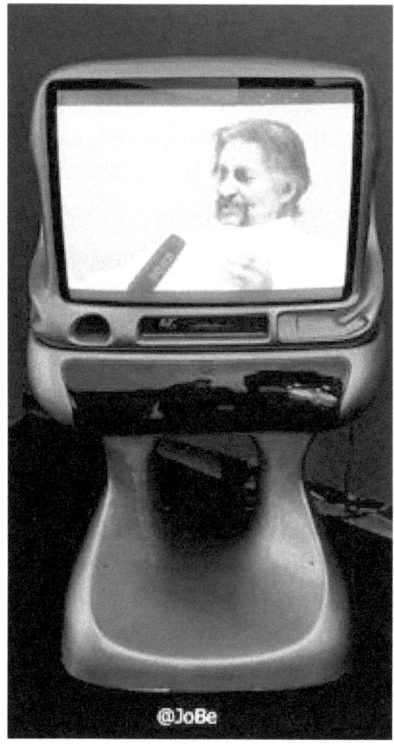

Foto: Colani im eigenem TV-Design Quelle: JoBe

Lutz Colani, geboren am 02.08.1928 in Berlin.

Auch Lutz kam Ende 1943 aus der Kinderland-verschickung zurück zu den Eltern nach Berlin. Anfang 1944 erhielt er die Einberufung als Luftwaffen-helfer und wurde zunächst in und um Berlin eingesetzt. Über die Weihnachtstage 1944 wurden seine Mitschüler und er nach Saerbeck verlegt.

Lutz überlebt das Kriegsende, da er in einem Tross, geführt von einem Berliner Haupt-feldwebel, noch rechtzeitig am Karsamstag die Flak-stellung Richter in Richtung Osten verlassen kann.

Getrieben von den vor-rückenden alliierten Truppen erreichten sie nach 30 Tagen Flucht Hannover. Hier griffen Alliierte den Tross auf und schickten gleich alle Luftwaffenhelfer nach Hause. Lutz schlug sich bis Berlin durch, wo immer noch seine Familie wohnte.
1946 immatrikulierte er sich in der Hochschule für Bildende Künste in Berlin als Student für die Fachrichtung Bildhauerei und Malerei. In den Sommermonaten 1947 kam Lutz bereits nach Saerbeck zurück, diesmal aber freiwillig. Dort wohnte und arbeitete er in

163

seinen Semesterferien in der Kornbrennerei Dalmöller. Hier konnte er sich mal wieder richtig satt essen und Geld verdienen, um sein Studium zu finanzieren.

Von 1949 bis 1953 studierte Lutz an der Sorbonne in Paris, um danach für ein Jahr bei einem namhaften Flugzeughersteller in den USA zu arbeiten.
Anschließend kehrte er nach Europa zurück. Hier engagierte er sich im Themengebiet Kunststoffkarosserien für die italienische Autoindustrie und legte sich dort, inspiriert durch seine Kollegen, die ihm den Spitznamen Luigi gaben, den Künstlernamen „Luigi Colani" zu.

In den 60er Jahren feierte er seine ersten internationalen Erfolge durch futuristische Designstudien, die er für die ostwestfälische Möbelindustrie entwarf. Von 1964 bis 1972 lebte er daher in Rheda-Wiedenbrück. Dort zu Geld gekommen mietete er im Jahre 1972 die Schlösser Harkotten in Sassenberg und gründete in den altehrwürdigen Gebäuden seine eigene erste Designfactory. Auch in dieser Zeit vergaß er nicht, Saerbeck zu besuchen.

Obwohl sich Colani im Münsterland wohlfühlte, fand er sich zunehmend von der deutschen Industrie unverstanden. So ging er 1981 ins Ausland. In Japan wurde er mit offenen Armen empfangen. Wegweisende Projekte unter anderem für Mazda (MX-5) und Canon (Kamera T 90) konnte der nun weltweit agierende Designer jetzt umsetzen.
Ab Mitte der 1990er Jahre verlagerte sich seine Tätigkeit nach China. Trotzdem vergaß er Saerbeck nicht. Das letzte Mal besuchte 1999 Luigi Colani auf Einladung des Bürgermeisters den Ort, in dem er als 16-Jähriger nur knapp dem Tode entrinnen konnte.

Das Colani-Design begeisterte Generationen. Als erste Auszeichnung erhielt Lutz bereits 1954 die "Goldene Rose" für die Gestaltung der Karosserie eines Fiat-1100. Es folgten unter anderem 1982 der Titel "Designer of the Year" in Japan oder Preise für Wasserhähne (1985, ebenfalls Japan), ein Design-Award für Heizkörper-Armaturen (1996) oder der Rheinland-Pfälzische Design-Preis für Bankautomaten-Design (2003). Das verbindende Element aller ca. 4000 Design-Entwürfe, die Lutz während seines langen Lebens schuf, sind zweifellos die geschwungenen Formen, die oft der Natur nachempfunden scheinen und für die er selber den Begriff „Biodesign" prägte. Aus der heutigen Perspektive betrachtet war das Colani Design wegweisend. Es war zum Teil so weit der Zeit voraus, dass er damit auf Unverständnis bis Ablehnung stieß.

So kompromisslos rund seine Designstudien waren, so kompromisslos kantig war sein Charakter. Schon in den 1960er Jahren förderte er gegen alle Widerstände der Industrie[98] den Einsatz von Autokarosserien aus Kunststoff, die nicht nur schick aussahen, sondern auch Gewicht einsparten und mit geringem Luftwiderstand dazu beitrugen, den Kraftstoffverbrauch entscheidend zu senken. Überzeugt vom Biodesign eckte Lutz oft an, wenn er Kollegen und die Industrie kritisierte, die wieder mal Produkte auf den Markt brachten, die so gar nicht seiner Idealvorstellung von Produktdesign entsprachen.

Seit 2002 wohnte Luigi (Lutz) Colani in Karlsruhe, wo er 2019 nach schwerer Krankheit starb und dort auch seine letzte Ruhestätte fand.

---

[98] Siehe Geschichte des VW Colani GT

Seit 2022 ist in der alten Brennerei Dalmöller eine kleine Ausstellung zu Colani zu sehen, um über an die Person, sein Wirken aber auch an die Geschehnisse zu Ostern 1945, die auch Teil der Lebensgeschichte des außergewöhnlichen Designers ist, zu erinnern.

Foto: Die kleine Colani-Ausstellung in der alten Brennerei Dalmöller. befindet sich an einem Ort, an dem Colani tatsächlich als Erntehelfer gearbeitet hat. Untergebracht war er damals mit Familienanschluss im Haupthaus. Sein Zimmer soll vorne links am Hauptgiebel des Hauses (heute Quandt) gewesen sein

166

FLAKSTELLUNG NACH 80 JAHREN AUSGEGRABEN:

Im Herbst 2024 fragten Hobby-Archäologen auf dem Bauernhof Nordhues-Hillmann um Erlaubnis, mit ihren Sonden auf dem Acker zu suchen, auf dem im Zweiten Weltkrieg eine Flakstellung gestanden haben soll. Der Eigentümer, selbst an der örtlichen Geschichte interessiert, stimmte zu.

Michael Nordhues-Hillmann war sehr gespannt, ob die Schatzsucher noch etwas finden würden. Viele, meist unbedeutende Metallgegenstände, waren in früheren Jahrzehnten bereits nach dem Pflügen ans Tageslicht gekommen. Zudem hatte er die landwirtschaftliche Fläche regelmäßig mit einem Tiefengrubber bearbeitet. Er wollte sicherstellen, dass keine Metallstangen durch die kontinuierliche Bodenbearbeitung an die Oberfläche gelangten und möglicherweise das Schneidwerk eines Dreschers oder Häckslers beschädigen könnten.

Es dauerte nicht lange, bis die erste Rückmeldung der Sondengänger kam. „Wir haben starke, intensive Ausschläge gemessen, hier liegt was Größeres", gaben sie als erste Rückmeldung hab.

Vorsichtig entfernten die Hobby-Archäologen mit Spaten und Schaufel Schicht für Schicht das Erdreich. Die schlimmsten Befürchtungen wurden Wirklichkeit. Der Acker war mit scharfer Munition kontaminiert. Nachdem die erste Granate behutsam freigelegt war, konnte nur noch ein Bombenräumkommando helfen, das wenig später anrückte.

Erst nachdem die gefährliche Munition fachmännisch entsorgt worden war, ging die Suche nach möglichen Schätzen weiter. Zum Vorschein kamen: Gasmasken, Stiefel, allerlei Werkzeuge, ein russischer und ein deutscher Stahlhelm und sogar vier Flak-Lafetten. Stark verrostet, versteht sich – hatten all diese Militärmaterialien fast 80 Jahre in etwa 90 Zentimetern Tiefe im Erdboden überdauert. Leider konnten die Gegenstände keiner Person mehr zugeordnet werden. Auch wertvolle Ringe, Münzen oder Uhren, die Soldaten sonst gelegentlich in Gaskartuschen vor Dieben versteckten, konnten nicht geborgen werden.

Funktionsfähige Lafette aus der Flakstellung Richter

Die Lafette der Flak 88 aus dem Zweiten Weltkrieg spielte eine zentrale Rolle für die Einsatzfähigkeit dieser vielseitigen Flugabwehrkanone. Sie bestand aus einer stabilen, kreuzförmigen Grundkonstruktion, die sowohl den Transport als auch den schnellen Aufbau ermöglichte.

Im Gefecht wurde die Lafette auf vier ausklappbaren Stützarmen abgesenkt, um einen festen Stand zu gewährleisten und den Rückstoß der Kanone abzufangen. Ein drehbarer Oberlafettenteil erlaubte eine 360-Grad-Rundum-Schwenkung zur Verfolgung von Luft- und Bodenzielen, während ein Höhenrichtmechanismus die präzise Ausrichtung in der Vertikalen ermöglichte.

Durch die Montage auf einem zweiachsigen Kreuzlafettwagen (Sd.Ah. 202) konnte die Flak 88 schnell an verschiedene Einsatzorte verlegt werden. Diese Konstruktion machte die Waffe äußerst flexibel und sowohl zur Flugabwehr als auch zur Panzerbekämpfung effektiv.

Metallplatte, Gasmaske mit Behälter, ein Drahtseil und Schaufelblatt, typische Utensilien einer verlassenen Flakstellung

Ein deutscher und ein russischer Stahlhelm wurden gefunden. War der russische Helm ein Beutestück eines deutschen Soldaten, dem er sich entledigte, um bei einer Gefangennahme die Herkunft nicht erklären zu müssen?

Blick aus der ehemaligen Flakstellung in Richtung Dorf. Der Kirchturm ist gut auszumachen.

WICHTIGE QUELLEN:

Untersuchungsbericht von Ulrich Erhardt vom Volksbund
Deutscher Kriegsgräberfürsorge e.V. zu den Ereignissen am
Untersuchungsbericht von Ulrich Erhardt vom Volksbund
Deutscher Kriegsgräberfürsorge e.V. zu den Ereignissen am
Kriegsende um die Flak und ihre Luftwaffenhelfer (LwH) in
Saerbeck; Münster, März 2001; Gemeindearchiv Saerbeck (GAS)

Meine Erinnerungen an die Vernichtung der Flakbatterie Saerbeck
1.April 1945 von Josef Chovanec nach dem ersten Besuch in
Saerbeck 1976; GAS. Ergänzungsbericht zu meinen Erinnerungen
an die Vernichtung der Flakbatterie Saerbeck nach dem zweiten
Besuch in Saerbeck 2007; GAS

Das Ende des Zweiten Weltkrieges in Saerbeck unter besonderer
Berücksichtigung der Flakstellung beim Hof Richter, Facharbeit
von Sandra Holtrup, Leistungskurs Geschichte, Schuljahr 2009/10

Schreiben von Toni Sittig, Mutter von Dr. Walter Sittig, vom
28.07.1947 an Dechant Beuing anlässlich des bevorstehenden 50.
Geburtstags ihres Sohnes, der am 31.03.1945 in Saerbeck den Tod
fand und auf dem hiesigen Friedhof seine letzte Ruhestätte fand.

Die Protagonisten:

In der Erzählun	Vor- und Nachname	Einordung damals	Alter
Jupp	Josef Chovanec	Luftwaffenhelfer	16
Fredel	Alfred Frömel	Luftwaffenhelfer	16
Ursel	Ursula Wierlemann	Nachbarin	16
Franz	Franz Schuh	Soldat	20
Kuddel	Klaus Berentz	Soldat	20
Lutz	Lutz (Luigi) Colani	Luftwaffenhelfer	16
Wolfgang	Wolfgang Vogt	Luftwaffenhelfer	16
Harry	Harald Gustke	Luftwaffenhelfer	16
Paul	Paul Postmeyer	Soldat	16

Ende